新消費をつくる
α《アルファ》世代

産業能率大学教授
小々馬 敦

日経BP

序章

なぜ今、α世代に注目するのか

日本の生産年齢人口の現状

2025年にミレニアル世代（1981年から96年生まれ）とZ世代（97年生まれから2009年生まれ）の合計が、生産年齢人口の過半数に到達します。この事実に基づき、私が主宰する産業能率大学小々馬ゼミでは「より良い未来社会の姿を洞察し経営とマーケティングのあるべき進化を探求する」ことを研究テーマとし、その手段として、若者世代の価値観と行動の変化に注目した調査研究を行っています。

生産年齢人口とは、労働生産と消費の中核的な担い手となる15～64歳の人口のことで、その国の市場経済に活力を生み出す源です。また、生産年齢人口は国内市場の規模を捉える指標としても重要です。生産年齢人口数とその構成が変化していく動態を捉えることは、その国の社会がこれからどのように変容していくかを洞察する助けとなります。

日本の生産年齢人口は、戦後増加傾向にありました。バブル経済崩壊後の1995年には、8716万人と総人口の7割を占めていましたが、この年をピークにその後は減少していきます。この流れは「日本経済の失われた30年」の時期と重なることから、少子高齢化に伴う生産年齢人口の減少が市場経済に与える負の影響の大きさがうかがわれます。総務省の人口推計によると、2023年の生産年齢人口は概算値で7400万人。ピーク時から約30年を経て約1300万人減少し、総人口に占める割合は6割にまで低下しました。労働と消費の担い手の約1割が市場経済から消えてしまったのですから、日本経済への負の影響は深刻であったと考えます。

若者は「売り上げを確保するための対象ではない」という視点

私たちが若者研究を始めたのは、10年前の14年。当時は若者を対象とした研究は劣後に評価され、研究パートナーを見つけるのに一苦労する状況でした。なぜなら、その当時企業がマーケティングを行う対象は、貯蓄があり意欲的に購買を続けるシニア層に向かっていたからです。

「若い人はお金を使わないでしょ。それに若者人口はこの先も減っていくので、市場規模が小さくて魅力を感じない」企業がこのように考える背景には、これからの時代、65歳以上の老年人口は拡大するものの、14歳以下の年少人口は大きく減少していくという「少子高齢化社会」の強いイメージがありました。デフレ経済の中で成長を続けるためには今日の売り上げが大事で、それを達成しやすいシニア層に取り組むことが優先というマインドが強くあったと感じます。

しかし、18年ごろから潮目が変わりました。「若者のニーズや行動の特徴を知りたい」という相談を受けて、企業の勉強会や研修に呼ばれる機会や、産学協同研究の問い合わせも一気に増えていきました。同時期にZ世代が成人し、彼ら彼女らが消費者・顧客像として具体的に見え始めたことが、若者のインサイトにスポットが当たるようになった要因だと思います。

そしてその後、「Z世代」はマーケティング界のバズワードとなります。「Z世代にうける商品を開発するには？」「Z世代に刺さる広告プロモーションは？」――Z世代をターゲット市場と捉えて、そのアプローチについて紹介する記事や書籍が多く見られるようになりました。けれども、Z世代の理解が進むほどに、Z世代を対象としたマーケティングの難しさを感じて幻滅する声を聞くことも多くなりました。「Z世代の多様な価値観に対応すると市場規模は小さくなり、ビジネスのスケールが難しい」ことに多くの企業が悩まされていました。

自己成長期にある若者世代が積極的に購買するカテゴリーはそれほど広くありません。そしてそのカテゴリーはおおよそ、ファッション、美容、飲食、旅行、エンタメなど、親しい仲間との交流に関わることです。交際費、交通費など〝交（まじわる）〟が付くカテゴリーには消費が起こるのです。これら以外の業種業界においては、若者を直接のターゲットとするビジネスは事業収益性が低いという判断になることを理解しています。その上で、私たちが産学連携の研究活動を始める際に企業の方にお話しさせていただくことがあります。それは、若者を売り上げを獲得するためのターゲットとして近視眼的に捉えるのではなく、一歩引いて、今、若者とのエンゲージメントを強くすることの意味と意義を捉えていただきたいということです。

現在α世代（10年以降生まれ）は人格が形成されていく幼少期、Z世代は性格が決定されていく青春期にあります。この時期に企業やブランドに対して共感を覚える経験や、大切な思い出の一部だと思える感情的なつながりを形成することは、成人後のＬＴＶ（顧客生涯価値）の増大に寄与し、持続経営の命題である事業価値と企業価値の最大化を支援します。

近い将来における若者世代のプレゼンス、経済市場への影響力について考えてみましょう。今から10年後、34年の生産年齢人口を図に描いてみると、新しい時代の社会の景色とビジネス機会が見えてきます。生産年齢人口は概算で６４００万人。24年よりも１０００万人規模縮小します。生産年齢人口が市場経済の規模と近しいと前提すると、ミレニアル世代・Ｚ世代・α世代の合計は４４００万人となり、市場経済全体の7割を占める規模に

2034年の生産年齢人口の構造

生産労働人口：15～64歳は約6400万人＝**団塊Jr.＋ミレニアル＋Z＋αの4世代と**
2つの家族【団塊Jr.世代とZ世代の親子】
【ミレニアル世代とα世代の親子】で構成される

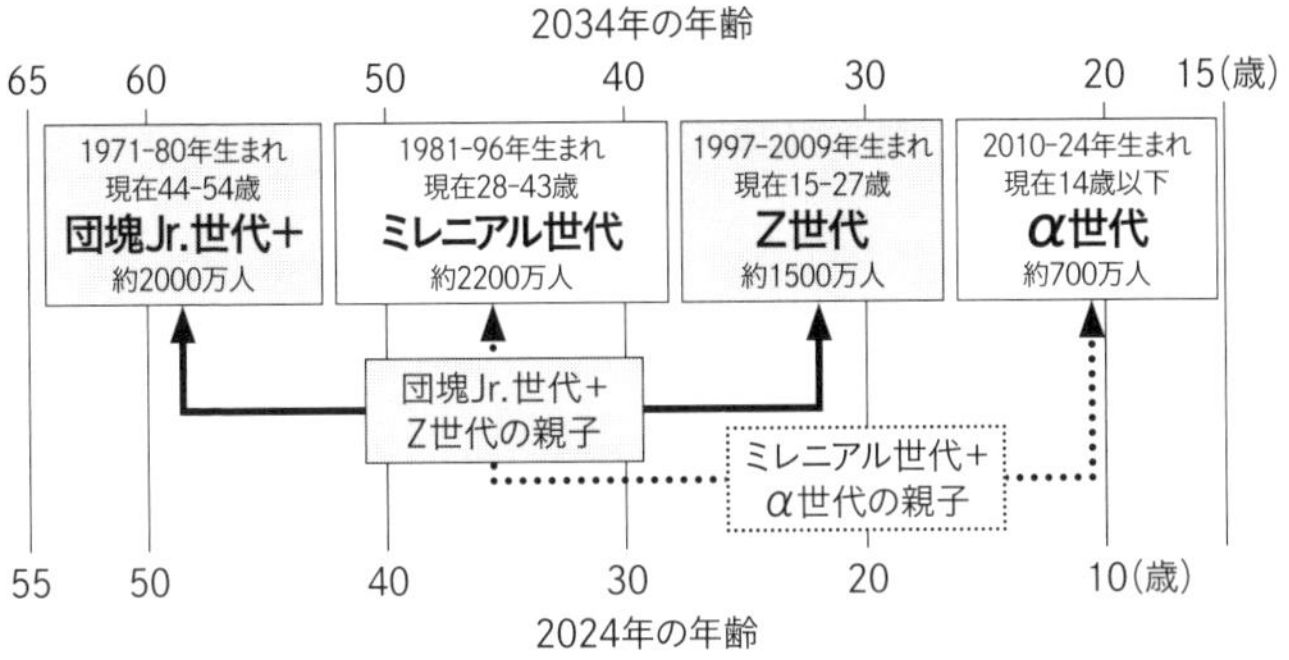

※団塊Jr.世代は、1971-74生まれだが、ミレニアル世代の上の世代を団塊Jr.世代＋として1971-80年の期間で捉える

なります。特にミレニアル世代とZ世代が購買力を備えたボリューム層に育ち、市場経済の中核となります。

そしてα世代も次々に成人し、市場でのプレゼンスを強めていきます。今α世代に注目することは、全く時期尚早ではないのです。

34年の社会を俯瞰《ふかん》すると、4つの世代（団塊Jr.・ミレニアル・Z・α世代）が共生していることが見えてきます。また、「団塊Jr.とZ世代の親子」と「ミレニアルとα世代の親子」という、2つの家族像となることも見えてきます。この4世代は上の世代と比較して家族仲が良く、家族で過ごす時間が長いという特徴があります。例えば、ショッピング中にLINEで「これどうかな?」「似合ってる。いいね!」とやり取りして購入を決めるなど、お互いの購買行動に影響し合います。家族仲が良いという特徴をもう少し詳しく分析すると、今の親世代は子どもには好きなことをさせてあげたいという意識が強いことや、現代では子ども世代の価値観や行動が、親世代に影響を与える傾向が強いことが分かります。家族内での関係性が消費に大きく関わるため、「団塊Jr.とZ世代の親子」と「ミレニアルとα世代の親子」、2つの家族像を捉えることは、これからのマーケティングを考える上での示唆となります。

2025年からパラダイムシフトが加速

私たちは研究を通して、ある期待を抱くようになりました。25年から日本社会のパラダイムシフトが加速するのではないかという期待です。

実はその流れは既に始まっています。20年を境として、それまで最大の消費ボリューム層であり社会の価値観を導く層であった団塊世代が、生産年齢人口、いわゆる現役世代から卒業し始めています。社会・企業における意思決定リーダーの世代交代が進むことで、社会の空気が変わり、消費行動や働き方、人々の物事の捉え方や判断基準が、一気に変容していきそうです。

ＳＮＳ、ＡＩ（人工知能）、ＤＸ（デジタルトランスフォーメーション）などが進捗する社会の中で成長しているZ世代とα世代の感性と、行動規範が、２０３０年代の新しいスタンダードになっていくのです。

現在、多くの企業がＳＤＧｓ（持続可能な開発目標）の達成年である30年を見据えた未来ビジョンを世に公開し、そのビジョンを意識しながら活動しています。来たる25年からは次の10年間、ポストＳＤＧｓの時代を見据えて新たな未来ビジョンを描く社内活動が活発となることでしょう。マーケティングや社員の採用・育成などのおおよその企業活動は、新しいアプローチへのアップデートが必要となります。新しい時代に向かう節目となる25年を目前として、今この時は、これからの社会における自社・自身の存在意義とビジョンについて再考する、待ったなしのタイミングといえるでしょう。

本書の読み方

マーケティング界では未来社会を洞察する手法として、若者世代に見え始めている新しい行動を観察する手法があります。私は10年前に米国の某科学雑誌で、シリコンバレーの技術者たちが日本の女子高生の行動観察研究を行っていて、彼女たちがカメラ付き携帯電話で写メ（写メール）を撮影して交換に興じている様子から、スマートフォン開発の示唆を得たという記事を読みました。この記事に触発されて、私の研究室は14年から、経営とマーケティングのあるべき進化を洞察する手立てとして、女子高生の行動調査研究を始めました。

小々馬ゼミの研究プロセス

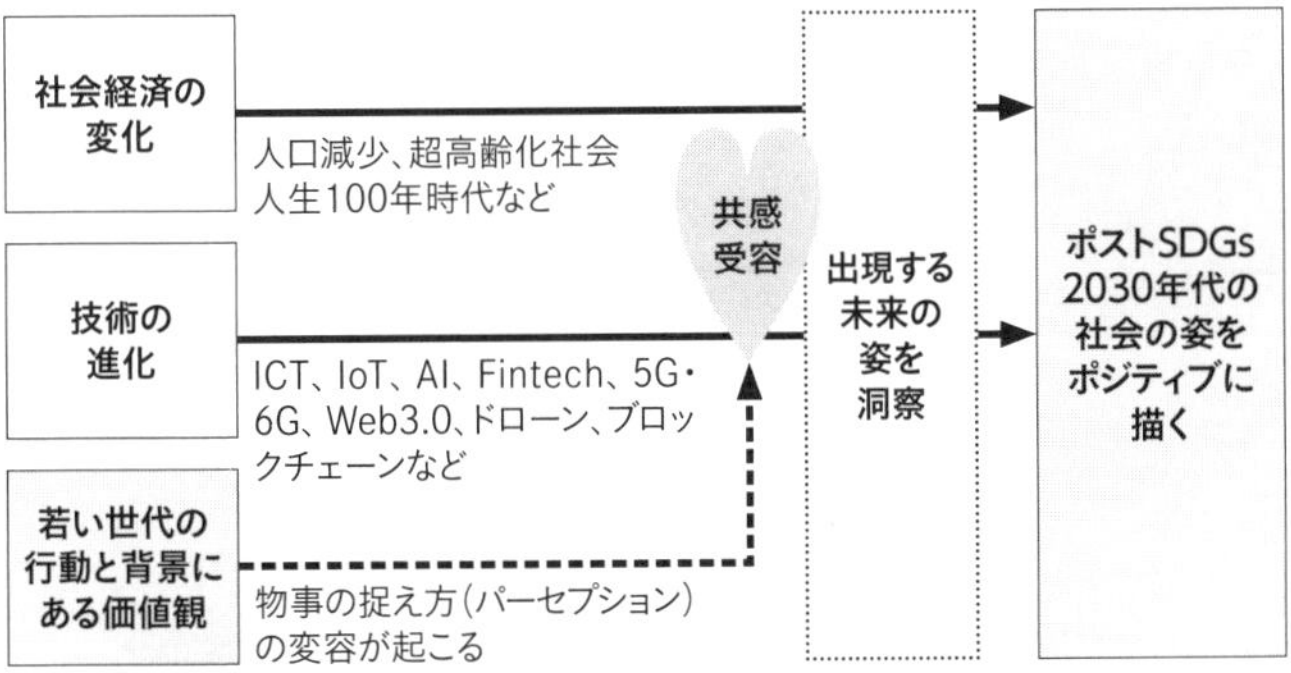

ポイント　**いつごろに、人々の感性（センス）が追い付き、生活の常識（コモンセンス）となるか？**

社会経済の変化、技術の進化、若者世代の行動と背景にある価値観を捉えることで、未来社会を洞察する

高校生の成長を追跡観察するとともに、18年からは大学生と社会人のZ世代を研究対象に加え、22年にはさらに小中学生であるα世代を対象に加えて「3世代比較調査」を実施。若い世代の生活に見え始めている未来社会のエッセンスを見つけ出し、実務家に報告する活動を続けています。

私たちは、「未来の姿は若い世代の生活に見え始めている」ことを研究の前提に置いています。研究ではまず、マクロな観点で、これから起こる人口の推移など社会経済の変化を捉えます。同時に技術の進化についても理解します。技術革新によって

人々が生活する上でできることが変わり、それが社会の変容に大きく影響するからです。こうした社会経済の変化と技術革新が、メディア、流通、コミュニティー形成など、人々の生活のありようにどのように影響し得るかを考察することで、未来の姿を想像することができます。

このプロセスで大切なポイントは、社会経済と技術革新に人々の感性（センス）が、いつ追い付けるのかを察することです。社会経済の変化と技術革新は、社会に新たな価値観をもたらします。そうした新しい価値観に人々が共感し、次第に物事の捉え方（パーセプション）が変容し、行動を始めることで、社会に新しい生活の常識（コモンセンス）が形成されます。

また、本書では、Z世代からα世代への価値観と行動の変化を解説します。Z世代との対比を通して、α世代に芽生え始めている新たなセンス、パーセプション、コモンセンスと、それらが形成される背景を知ることで、今後のビジネスのビジョンを描く際のヒント

本書での世代区分と年齢定義

世代	生まれた年	2024年の年齢
X世代	1965-80年	44-58歳
ミレニアル世代(Y世代)	1981-96年	28-43歳
Z世代	1997-2009年	15-27歳
α世代	2010-24年	14歳以下

にしていただければと願います。

本書ではα世代（24年時点で14歳以下）との比較を容易にするために、Z世代の中でもすぐ上の年齢層「アラウンド20（24年に15～25歳の層）」にフォーカスします。

なお、各世代の年齢区分には諸説ありますが、本書では上記の世代と年齢を定義としています。

第1章では、α世代とは何者なのか？　α世代の定義と主要な行動特性、そして行動特性の背景にある彼ら彼女らの価値観について紹介します。

第2章では、マーケティングリサーチを行うインテージ（東京・千代田）と共同で実施した「3世代比較調査（定量・定性全国調査）」のデータを引用しつつ、各世代との比較からα世代の特性を詳細にひもといていきます。また、日本と海外のα世代とを比較した調査から、日本のα世代の特徴を理解していきます。

第3章では、Z世代からα世代へ、行動と価値観がどのように変化しているのかの流れを解説し、近い将来起こり得る社会事象について洞察します。第4章と第5章では、ポストSDGsの時代、2030年代の社会において期待できる新しいビジネスの機会について考察します。

本書全体を通して2030年代におけるメディア・広告・マーケティング・ブランディングのありように関する洞察をお伝えするとともに、これからの時代におけるマーケティングの存在意義について考えます。マーケターは消費を促進する存在から、新しい社会使命として〝プラスサム〟な社会の実現を担う存在へと、変化していくことでしょう。

各章末には、章のテーマに関する専門家との対談コラムを設けました。α世代を指導している教育実務家、若者マーケティングの研究者、メディアとコミュニティーの専門家、広告コミュニケーションの実務家との熱のこもった対談からは、それぞれの専門的知見からの鋭い未来洞察が得られます。

本書を通じて、新しい時代の息吹を感じとっていただき、読者のみなさんのビジネスが持続成長するためのビジョンを描き出す、足掛かりとしていただければうれしいです。

Contents

新消費をつくるα世代

答えありきで考える「メタ認知力」

第3章

第1章

α世代って何者？

α世代の定義

α世代の一般的な年齢定義は、2010〜24年生まれ。24年に最年長が14歳になり、世代の大半は現在小学生です。ミレニアル世代の子どもに当たる世代で、総人口数（0〜14歳の合計）は約1500万人です。世界中を見てみると、若者人口が増加している国では、α世代は毎週280万人以上が生まれており、総人口数は25年に25億人規模に。今後のグローバル経済に大きな影響を及ぼす最大ボリューム世代として注目されています。

α世代を理解する前提として、上の世代との関係について整理していきます。日本国内と海外では、世代の区分や名称が異なるために混乱することがありますが、一覧にして大枠で捉えることで時代の流れをつかむことができます。

海外（米国）での世代の流れを確認すると、第2次世界大戦終結の後1950〜64年ごろに生まれた世代をベビーブーマーと呼んでいます。文字通り新生児の出生率が急上昇し、

海外と日本の世代別区分比較表

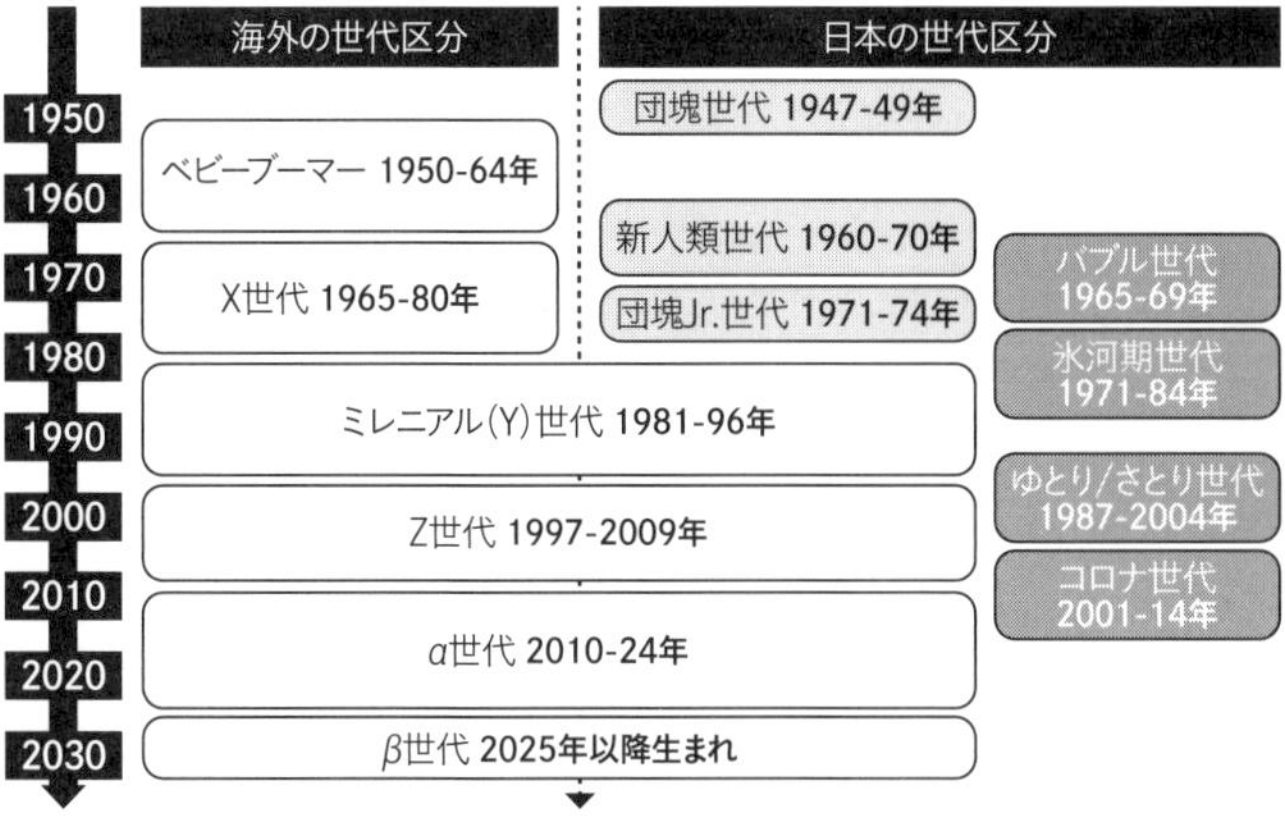

※各世代の年齢区分には諸説有ります

人口増大期に入った世代です。後の米国経済の成長の支えとなりました。日本では戦後のベビーブーマー世代を「団塊世代」と呼んでいます。

ベビーブーマーの次の世代は、X世代（ジェネレーションX）。65～80年生まれの世代です。Xの名称には、上の世代と価値観と行動が全く異なる「未知の世代」という意味が込められています。91年にカナダの作家、Douglas Couplandが小説『ジェネレーションX』を出版しベストセラーになったことで、「X世代」という言葉が世界的に広がりました。X世代以降は10～15

年ごとに新しい世代名が定義されています。Xの次はYに、アルファベッドで順番に世代がネーミングされます。

Y世代は、81〜96年生まれの世代で、「ミレニアル世代」とも呼ばれます。この世代はインターネットが普及し始めたデジタル時代に育つ、デジタルネーティブ世代とされています。ミレニアル世代はベビーブーマー世代を親に持ち、α世代の親の世代に当たります。ミレニアルという名前は、Millennium（千年紀）を迎える2000年以降に成人になることに由来し、米国の心理学者Jean Twengeが定義しました。

そして、Z世代は、1997〜2009年に生まれた世代で、21世紀に生まれた層が含まれる初めての世代として注目されています。

私の感覚では、SNSマーケティングが盛んになった15年ごろから日本国内のマーケティング界隈《かいわい》でも、海外のくくりと合わせたX世代、Y(ミレニアル)世代、Z世代のアルファベッ

X・ミレニアル（Y）・Z世代の特徴比較

世代	主な特徴
X世代 1965-80年	・消費意欲が旺盛 ・ブランド品を好む ・競争意識が高い ・他人と違うことを求める ・子どものころはテレビ、成人後にインターネット
ミレニアル世代 (Y世代) 1981-96年	・デジタルネーティブ ・モノよりコト重視 ・ブランド品よりもユニークなもの ・コミュニティーに所属し仲間意識が強い ・コスパ重視 ・子どものころからインターネット
Z世代 1997-2009年	・SNSネーティブ ・イベント体験に時間とお金を使う ・ブランド品よりも自分に合っているもの ・オンラインで仲間とつながる ・タイパ重視 ・生まれたときからインターネット

X・ミレニアル（Y）・Z世代それぞれの特徴としてよく挙げられる項目

ト区分を使い始めたように思います。それ以前は、「バブル世代」「氷河期世代」「ゆとり／さとり世代」という世相のくくりで世代論が語られていました。最近では、学生生活に新型コロナウイルス禍の影響を受けた世代（01～14年生まれ）を「コロナ世代」と呼ぶこともあります。

上の図に、X・Y（ミレニアル）・Z世代それぞれの特徴として、よく挙げられる項目を一覧にして比較してみました。

アルファベットの最後の文字「Z」を使ってしまった後の世代にはどのような文字を当てるのかと思っていたら、20年ごろから

「α世代」という言葉を耳にするようになりました。

α世代は10年以降に生まれた世代で、全員が21世紀生まれとなる最初の世代です。α世代の名付け親は、オーストラリアの世代研究学者Mark McCrindleとされていて、名前を検討する際にオーストラリア国内で実施したアンケートでは「A世代」を推す回答が多かったそうです。

彼は、これまでの世代とは全く異なる特徴を持つ世代であることを表現するために、アルファベットではなくギリシャ文字の「α」を当てることにしたといわれています。αの文字には、X世代の名称と同様に「未知の世代」の意味が込められていることが分かります。X世代から始まりY世代、Z世代に進化するまでに約半世紀かかったことから、α世代を次の半世紀の始まりを告げる特別な世代と見ることもできます。そのように考えると、今注目すべきは、α世代が社会のリーダー層として活躍する30年以降の未来社会の姿です。彼ら彼女らはミレニアル世代の親の支援を受けて多くの選択肢を持ち、自分のやりたいことを楽しみながら成長しています。そんなα世代がどのように未来社会をリードするのか、とても気になります。

ちなみに、α世代は24年生まれが最後の年とされていて、25年以降に生まれる世代を、「β（ベータ）世代」と呼ぶ動きが始まっています。αの下の世代、β世代が世の中に登場するまで、もう少しです。

α世代の成長年表

α世代の特性を紹介する情報が増えてきました。よく挙げられるα世代の特徴は、次のようなものです。

- デジタルデバイスのリテラシーが高い
- 学校や習い事で多様な学びを得ている

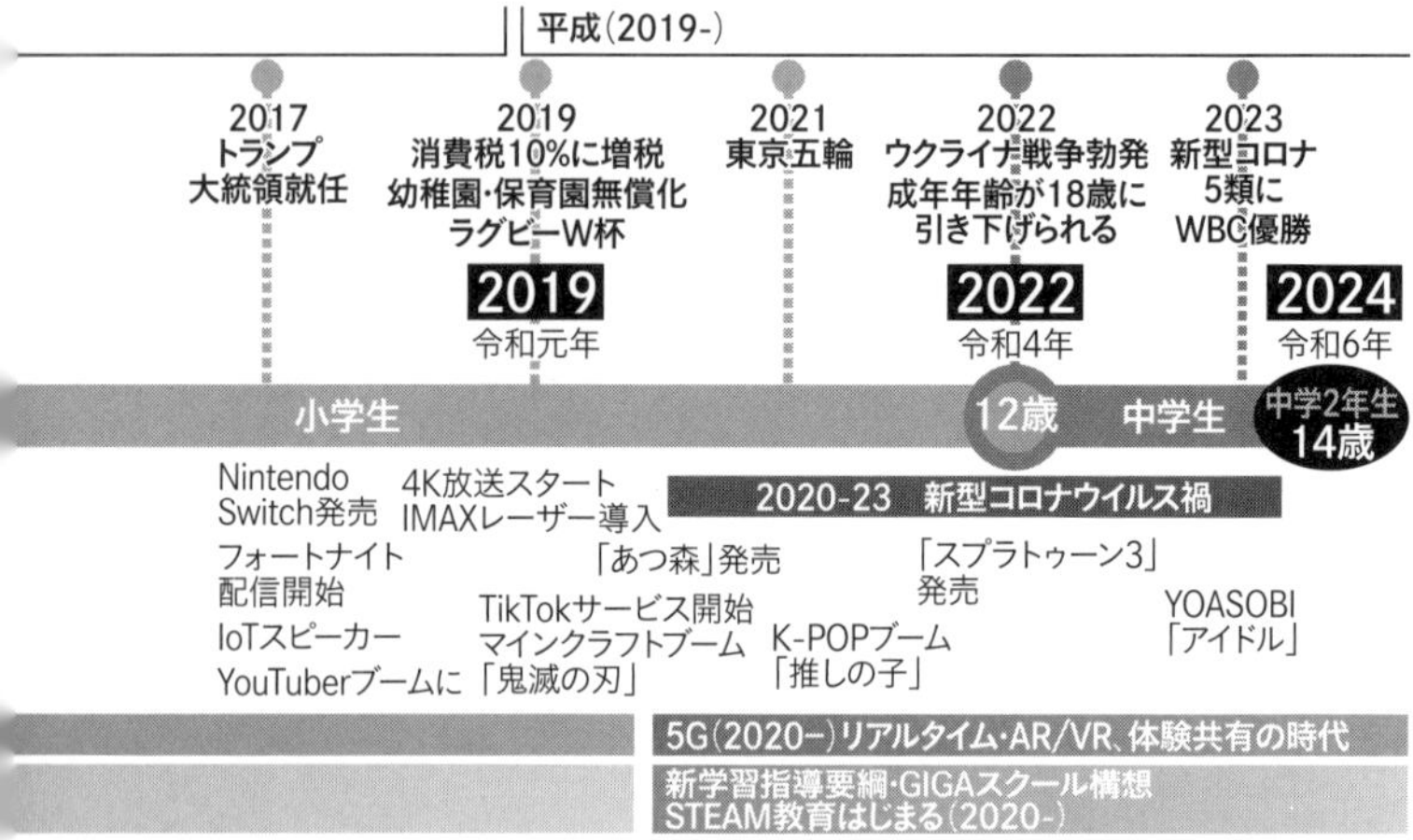

- **社会問題に敏感である**
- **AIやメタバースへの順応が早い**
- **コスパよりもタイパを大切にする**

などなど。

これらの特性の背景に何があるのかは、α世代がどのように育ってきたかを知ることでイメージできます。仮想ですが、10年に生まれて24年に中学2年生となるα世代を想定し、その生い立ちについて、α世代の親と先生たちにヒアリングを行い成長年表にまとめてみました。

α世代は、親世代（ミレニアム世代が多

2024年に14歳になるα世代の仮想成長年表

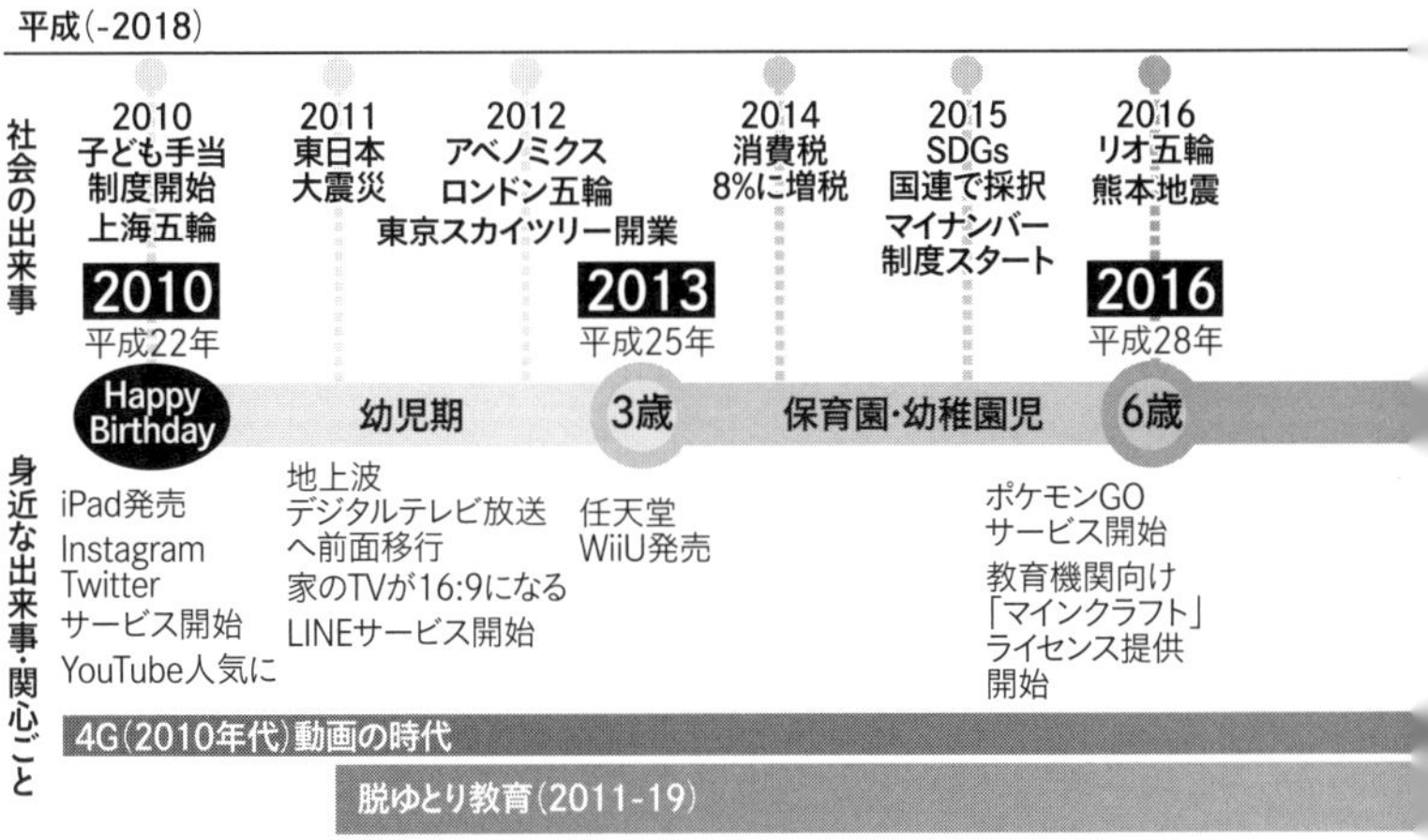

い）がスマートフォンやタブレット端末などのデジタルデバイスを暮らしの中に積極的に取り入れ、SNSを通じて家族や友人と遠隔でも当たり前につながっている、2010年代に生まれ育っています。こうした親の影響で、幼いころから家の中にあるデジタルデバイスを自然と使いこなすリテラシーを身に付けています。デジタルデバイスで動画コンテンツを見る中で興味が湧く情報に出合うことが多いためか、多様なジャンルの習い事に通うのが、この世代の特徴の一つです。

そしてα世代は小学生高学年の時期がコ

14歳までの成長を振り返ると

・2010年(平成22年)iPad発売の年に生まれる
・幼児期(0-3歳)
1歳のときに東日本大震災。震災のことは後に小学校の防災の授業で学ぶ
両親がスマホで毎日のように自分の写真と動画を撮影してくれる
・保育園／幼稚園児(4-5歳)
家に多様なデジタルデバイス(スマホ、iPad など)があり、スワイプやピンチの操作を覚える
家族でWiiを楽しむ。DS、たまごっち4U、ゲームは通信で
・小学生入学(6-8歳)
小学校で「マインクラフト」がはやる。週に2回は「水泳教室」など習い事に
親のアカウントでYouTuberのゲーム実況を見る。親と一緒に「ポケモンGO」に出かける
・小学生高学年(9-11歳)
4年生のときに、年号が「令和」になる
5年生の春にコロナ禍始まる。学校配布のタブレットでオンライン授業。学習塾に通い始める
SDGs・英語・プログラミングの授業が必須に。放課後は「フォートナイト」に集まり友人と遊ぶ
家にスマートスピーカーが入る。音声で指示することが日常になる
・中学校入学(12-14歳)
個人用スマホを使い始める。TikTokの動画視聴に夢中になる
K-POP アイドル、YOASOBIの「アイドル」が好き。家庭科の授業で金融リテラシーを学ぶ

ロナ禍でした。学校の授業のDX化が急速に進むことで、家庭での時間と学校で過ごす時間や体験がデジタル空間の中で融和していきました。ゲームの仮想空間の中で待ち合わせして遊ぶことも自然で、友人と交友する時間もオンラインの中であることが増えました。

また、彼ら彼女らは、小学生まではSNSなどの自分のアカウントを持っておらず、親のアカウントを借りて親の監視下でコンテンツを楽しんでいたため、オンライン上で嫌な体験をしたことがありません。中学生になると自分のスマートフォンとアカウントを持つようになります。この変化

によってSNSに対する感覚がどのように変わっていくのかは、今後の調査テーマの一つです。

α世代が成長してきた生活環境についてイメージできたでしょうか。続けてα世代の特性について具体的に紹介していきます。

α世代を理解するための5つの価値観と行動特性

小々馬ゼミでは、22年からα世代の小学生と、その成長を近くで見守っている家族や教員を対象に、定量定性調査を継続しています。そこからα世代ならでは特性をたくさん見いだすことができました。その中でも、みなさんのビジネスに大きく影響を与えると思われる「5つの特性」を紹介します。

α世代5つの特性

1．AIとの親和性が高い
2．リアルとバーチャルの境目なく生活する
3．世界を描き出すクリエーター
4．答えありきで考える
5．社会課題を解決する成果志向

1．AIとの親和性が高い

現役の小学校の先生から「今の小学生は、ＡＩからお薦めされる情報を抵抗なく受け入れます。ＡＩとの親和性がとても高く、アルゴリズムを使ったマーケティングとの相性の良さを感じます」と教えていただきました。

スマートフォンやタブレットの登場後に生まれたα世代は、物心がついて初めて手にするおもちゃがデジタルデバイスであることが多いそうです。また、親がスマホを使って

動画を見たり、ほしい物を探して購入したり、キャッシュレス決済をする様子を見ていたりするため、デジタルツールを日常のあらゆる場面で使用することが前提の世界で暮らしています。幼児期から親の管理指導の下でSNSやWebサービスを使っているため、Web上のコンテンツが自分向けにパーソナライズされていることに違和感がなく、その便利さを当然のこととして受け止めています。

また、家にあるスマート家電や学校や塾で使用する学習アプリには、当たり前のようにAIが搭載されていてその恩恵を感じて暮らしているので、AIを活用することは生活の常識（コモンセンス）となっているのです。

AIなどのテクノロジーリテラシーの高さは、Z世代からα世代への顕著な進化として捉えられます。Z世代もデジタルネーティブと呼ばれますが、様々なテクノロジーが社会に浸透していく過渡期に育ち、その中で失敗や怖い思いをした経験があります。そのため、実は新しいテクノロジーには不安感があり、生活を便利にするために、今以上にAIやロボットを使うことに疑念を抱いています。

また、Z世代は過剰なネット情報に惑わされて失敗したくない思いから、「顔の見える人・知人からの情報を信頼するヒューマン志向」が強いという特性も挙げられます。対してα世代は、人間味を感じられれば、ロボットやアバターともコミュニケーションできる「ヒューマニティー志向」が強いのが特徴です。

α世代は、新しいテクノロジーをうまく使いこなせ、自分たちが活用することで社会課題を解決するための手段になるという感覚を持っていて、これは、5つ目の特性である「社会課題を解決する成果志向」の強さにつながっています。

2. リアルとバーチャルの境目なく生活する

私たちの調査によると、α世代はオンラインゲームの中で過ごす時間が長く、リアルとバーチャル（仮想）空間を境目なく往来する生活を楽しんでいます。

α世代の多くは、人格形成に影響が大きい3〜10歳の幼少期をコロナ禍で過ごしました。在宅学習など自宅に居る時間が増えたことから、動画配信の視聴やオンラインゲームを室内で楽しむことが習慣となっています。Z世代はスマホを使っている時間が長く、オンラインゲームのプレイ経験は調査した全5220人のうち4割程度でした。対してα世代は、全1420人中の6割以上がオンラインゲームのプレイ経験があり、バーチャル空間の中で過ごす時間が長い傾向が顕著です。

Z世代は「リアルとバーチャル空間はつながっているけれど別の世界」という感覚を持っているのに対して、α世代は放課後にオンラインゲームの中で友達と待ち合わせをして遊び直すなど、インターネット上の仮想空間が自分の生活圏の一部となっている様子が見えます。

3．世界を描き出すクリエーター

「世界を自分の手で作りましょう」。これは、「マイクラ」と略称されるオンラインゲーム「Minecraft（マインクラフト）」のトップ画面に現れるメッセージです。

「マインクラフトはブロック、モブ（群衆）、そしてコミュニティのみなさんでできているゲームです。ブロックは、世界の形を変えたり、建造物を作ったりするのに使うことができます」というゲームの説明の通り、α世代は頭の中に思い浮かぶ世界観を次々に仮想空間につくり上げていきます。そして出来上がった世界に友だちを呼んで一緒に遊んだり、オンラインでつながってサバイバル生活を楽しんだりするなど、仮想空間は居心地のよい自分の場所であり、仲間と楽しく過ごすコミュニティーでもあります。

22年に、小々馬ゼミ生の大学生と小学6年生の子どもたちがチームを組んで、30年の家と暮らしぶりを絵に描く『ミライ・スケッチ2030』と名付けた研究プロジェクトを実施しました。大学生たちが小学生と一緒に時間を過ごす中で、自分たち世代との違いを痛感したこと、それは、想像力と再現力の高さでした。

プロジェクトでは10年後の未来の家の中の様子を絵に描いていくのですが、大学生が想像したのは、家中がBluetooth（ブルートゥース）でつながり、どの部屋にも途切れることなく好きな音楽が流れている楽しくて居心地のいい家というような、やや抽象的なイメージでした。対して小学生たちがスケッチした未来の家の姿は、より具体的でした。

例えば、キッチンにある冷蔵庫はＩｏＴプログラムされていて、表面の透明スクリーンには食材の賞味期限を知らせる機能やその食材を使ったメニューを提案する機能があり、フードロスを削減できるといった具合です。頭の中に浮かぶアイデア（観念）を解像度高く表現できる再現力に大学生たちは驚いていました。

また、一つひとつのアイデアの起点には、どんな社会課題を解決できるのかの成果目的が明快にあり、どのようなテクノロジーを利用すればその課題を解決できるのか、すべき事の答えが明確に描かれていることに、自分たち世代との違いを感じたそうです。

このプロジェクトでα世代が未来をスケッチする様子を観察し、私はあることを感じました。それは、近い将来にリアルとバーチャル世界とを認識する順番が入れ替わるのでは

小学6年生が描いた2030年の家の中（キッチン）。小学生のスケッチをもとに描き起こした（イラスト／じゅーぱち）

ないかということです。

例えば、私たちが未来をよりよい場所にしたいと思ったとき、頭の中に浮かぶアイデアをAI、AR（拡張現実）、VR（仮想現実）、MR（複合現実）などのテクノロジーを使って人々が体感できるレベルの解像度で描き出し、そしてそのバーチャル上の創造物を目指すべき完成形であり〝本物の世界〟と認識するようになります。そうすると、今生活している現実の世界を、本物の世界を模倣した未完成の模擬世界と認識するようになるのではないかという予想です。

現時点でのデジタルツインコンピューティング構想は、現実世界をデジタル仮想空間上に再現することですが、バーチャル世界がより身近になると、理想とする世界をまずは仮想空間に描き、現実の世界に再現するという逆の発想もあり得ると感じました。そうなると将来、政府や企業は未来ビジョンを抽象的な言葉で描いて伝えるのではなく、人びとが体感できる〝本物〟の世界を仮想空間に作った上で世に問い、その世界を現実世界に再現する使命が期待されるようになると考えます。

この本物の世界を創造する力は、４つ目の「答えありきで考える」特性につながります。

4．答えありきで考える

「今の小学生は調べることに時間をかけません」。この特徴も小学校の先生から聞きました。前述のように、教材アプリなどでＡＩが編集した情報を当たり前に受け入れることが身に付いているので、調べる手間をかけずに、最短経路で答えを知りたいという感覚があるのだと思います。

大量の情報に惑わされて「失敗したくない」という意識は、Z世代もα世代も共通して持っています。しかし両世代で異なるのは、失敗を避けるためにとる行動です。

Z世代は失敗しないために、購買を決定する前にInstagramやX（旧Twitter）などのSNS上で「本当に自分に合っている」と確信できるまで信頼できる情報を探します。一方でα世代は、あれこれ調べることは手間であり時間の無駄だというタイパの感覚を持っているようです。そのためAIが自分向けにリコメンドする内容を積極的に受け入れ、購買の選択に生かします。

彼ら彼女らからすると、AIがすぐに商品を教えてくれるのだから、その商品に行き着くまでに様々な情報を当たって吟味する必要がない、という考えなのでしょう。AIは生活を便利にする日常的な手段の一つであるため、AIに提供される情報に疑念を持つことなく、使える情報として受け取ります。

5. 社会課題を解決する成果志向

α世代の行動プロセスは、まず「答え」を確認することが特徴で、その答えを実現するためのアイデアや技術スキルを持っている仲間が集って協力することで、目的を達成できるという成果志向の強さを感じます。

「答え」をどのように導き出すかに関してですが、何が正解なのかを問う姿勢には、Z世代とα世代で違いがあるように思います。

Z世代は幼い頃から「正解は一つではない。だからみんなで自由に考えてみよう」と教えられてきました。価値観の多様化に配慮しての指導なのですが、意見の出し合いに時間をかけてしまい、その結果、答えが抽象的なものにとどまってしまったり、一つにまとまらなかったりということが起こりやすい印象があります。

一方で、今の小学生の考え方はシンプルです。「社会的に正しいことが正解」と考えています。人びとの価値観が多様であることを前提とするのであれば、みんなにとってより良いこと、社会的に正しいことが「正解」という考え方です。やるべきことは明快なのだから、直ちにみんなで答えを共有し、その解決や実現に向けて結集しようというマインドが主流となっていく流れを感じます。

5つの特性の背景にあること

親の養育と教育方針の進化

α世代の親の大半はミレニアル世代です。親がICT（情報通信技術）やAIなどのテクノロジーを生活の中で活用することに理解があることは、α世代のテックリテラシーの高さを下支えしています。

また、親世代はサステナビリティーへの関心が高く、環境に優しいバイオプラスチック素材のおもちゃを選んで買い与える傾向が見られます。α世代は親の影響を受けて、ソーシャルグッドな物やサービスを選ぶ傾向が強い世代として育っていくと考えます。

α世代の家庭は共働きが大半です。そしてα世代の親に見られる大きな特徴として、世帯の可処分所得の多くを子どもの養育と教育に使うことをいとわないことが挙げられます。親たちは就職氷河期からゆとり教育の時代に育ち、社会で苦労した経験があります。そのため「自分の子どもには好きなことをやらせてあげたい」という親心が強く、子どもを幼少のころから多様な習い事に通わせています。

学校の教育方針が変化

デジタル教科書、パッド端末を使ったオンライン授業、オンデマンドの動画授業など、α世代はデジタル・ICT化が進んだ多様な学びの形態を経験しています。

20年を契機として日本の教育方針は大きく変容しています。Z世代との価値観の違いや特性の変化には、小中学校の教育改革の動きが少なからず影響していると考えます。令和の新しい教育方針により、α世代はどのような教育を受けているのか。その影響は未来社会にどのように現れそうなのか。「学生指導要領の改訂」「GIGAスクール構想」「STEAM教育」、そして「Society 5.0」の4つのキーワードからひもときます。

学生指導要領の改訂（2020年〜）

20年に学習指導要領が10年ぶりに改訂されました。学習指導要領は、文部科学省が告示する小中学校における教育課程の基準のことで、今回の改訂は09年に「脱ゆとり教育」を標榜した改訂以来の転換となりました。

Z世代はそれまでのゆとり教育を見直し、必須5科目の総合授業時間を大幅に増加させた教育課程で育ちました。そこからさらに指導要領が改訂され、現在α世代は、小学校入学直後からプログラミング教育やSDGs教育を受け、中学年からは外国語教育が必修授業となるなどの、新たな教育課程に沿ったカリキュラムを受けています。

文部科学省はこの新しい学びの趣旨について、グローバル化やAIなどの技術革新が急速に進み予測困難なこれからの時代に、自ら課題を見つけ、自ら学び、自ら考え、自ら判断して行動する力を養い、よりよい社会や人生を切り開いていく「生きる力」を育む教育だと説明しています。

GIGAスクール構想をスタート（2019年〜）

また、学生指導要領の改訂に合わせて、19年に文部科学省は全国の生徒に1人1台ずつコンピューターと高速ネットワーク・ICT環境を整備する5年間計画「GIGA（Global and Innovation Gateway for All）スクール構想」をスタートしました。新学生指導要領でうたう、子どもたちが自律的に生きる力を育むことを支援する一つの手段として、ICT環境を実現することに取り組んでいます。

STEAM教育の推進（2019年〜）

さらに、19年に始まった動きはもう一つあります。「STEAM教育」の推進です。それまで推進していた、STEM（Science, Technology, Engineering, Mathematics）と呼ぶ理数教育に、新たに、芸術、文化、生活、経済、法律、政治、倫理などを含めた広い範囲でのArt（芸術）の創造性教育を加え、子どもたちの創造的な発想を伸ばそうとする教育理念です。5つの領域の教科学習を融合して横断的な学習をすることで、子どもたちが実社会で問題を発見し解決する「生きる力」を育むことを支援します。

ＳＴＥＡＭ教育は、社会とテクノロジーの関係がより密接になっていくこれからのＡＩ時代を見据えて、文部科学省だけでなく経済産業省や総務省が提唱する日本が目指す未来社会の姿「Society 5.0」とも強く連携します。

α世代が「超スマート社会」を実装する

「Society 5.0」が描く日本の未来社会のコンセプトは、〝社会の変革（イノベーション）を通じて、希望の持てる社会、世代を超えて互いに尊重し合える社会、一人ひとりが快適で活躍できる社会、すなわち「超スマート社会」の姿の実現〟です。そして、その実現のためにＩoＴ、ＡＩ、ロボットなどのテクノロジーを最大限に活用するというのが日本政府の方針です。この内容は、ここまで紹介してきたα世代の特性と重なる部分が多いことに気付きます。

また、内閣府は「超スマート社会」の姿を、サイバー空間（仮想空間）とフィジカル空間（現実空間）を高度に融合させたシステムによって、経済発展と社会的課題の解決を両立する社会と説明しているのですが、これはまさにα世代がリアルとバーチャル空間を境目なく往来して生活している様子が重なります。今見え始めているα世代の特性は、日本の未来社会のエッセンスとして捉えられるように感じます。

以上のように、小中学校の教育方針改革の流れを俯瞰《ふかん》すると、未来の「超スマート社会」を実装する担い手として、α世代の成長に期待するところが大変大きいことを読み取ることができます。

新しい教育方針とＩＣＴ環境、そして創造性教育が三位一体となって有機的に連携することで、α世代が、課題を自ら見つける力（アート思考）、物事を様々な面から捉えて解決する力（メタ認知力）、新しい価値を創造する力（デザイン思考）を併せ持つ最初の世代となることが期待されます。

対談 1

ニューノーマルで育つα世代 教育・親との関係性が進化

教育環境の変化や親世代の価値観は、どのようにα世代の特性を形づくっているのでしょうか。授業の7割を英語で実施するなど、英語教育プログラムで著名な小中高一貫教育学校「ぐんま国際アカデミー」で教壇に立ち、現在はカナダの学校でα世代の子ども達を教えている、教員の一寸木俊光氏に話を聞きました。

「旧システムを信じない」αの親世代の子育て観

小々馬敦（以下、小々馬） ICTの環境がそろったり2020年に学習指導要領が改訂されたりと、教育環境が急激に変化しているように感じます。

一寸木俊光（以下、一寸木） 新型コロナウイルス禍を経て、教育環境も強制的に変わらざるを得なくなりました。授業を行う上でICT環境の整備が必須になるなど、新学習指導要領で目指すことが、現場で実践しなくてはいけないものになったのです。これまでは学習指導要領などで文言として掲げられていても、現場は実際には変わりにくいという雰囲気があったので、大きな変化です。同時に、コロナの影響でα世代の保護者の意識も大きく変わったと思います。

一寸木　俊光

海外在住の子ども向け日本語個別指導教室「アウトプット・スクール」運営
バンクーバー補習授業校教員
日米の大学院で修士号（国際関係論、臨床心理学）取得。企業向け研修のファシリテーターやスクールカウンセラーを経て、日本の公立小学校・私立小学校（英語イマージョン教育、小中高一貫）で12年間教員として勤務。グローバルな教育を求めて、2023年より家族でカナダに教育移住

小々馬　保護者の意識はどう変わったのでしょうか。

一寸木　一言で言うと、学校の権威性が弱くなったと感じます。コロナでオンライン授業になることで、どんな授業をしているのか、どんな教え方なのかなどを保護者も見られるようになりました。透明性が高まることでよくも悪くも学校への幻想が崩れたということか。これまでは先生の言うことを聞きなさい、学校の規則を守りなさいと言っていたのが、中が見えることで「もしかしたら学校のやり方は今の時代には合わないかもしれない」と感じるようになった保護者も多いのではないかと思います。子どもも、毎日学校に行かなくてもこうやって勉強できるんだと思うようになり、家庭と学校の間に一定の距離が生じたように思います。反対に、親子関係は縮まった感じがします。

小々馬　親子関係の距離が縮まったのは、上のZ世代もそうですね。コロナ禍でずっと家にいたらそれが心地よくなってきたという声を多く聞きます。親子で娯楽を共有できたり、親から子へだけでなく、子が親にいろいろなものを紹介したりするのをよく見かけます。

α世代の保護者は、ミレニアル（Y）世代が多いですよね。その世代独特の教育観や子育て観を感じることはありますか。

一寸木　ミレニアル世代とその上の世代では、まず仕事と子育ての比重が違います。上の世代では育休制度も浸透しておらず、子どもとの関わり方が今ほど密ではなかった。そして学校に権威があったので、先生や学校が定めたルールの中で頑張りなさいと子どもに教えていました。対してミレニアル世代は、子どもそれぞれに合ったことや、やり方を見つけようという意識が強く、子どもとの関わり方も異なります。

小々馬　上の世代までは戦後から続いてきたやり方で成功できていたので、その通りやっていれば子どもたちもうまくいくんだ、と価値観を押し付けがちだったと思います。しかし従来のやり方が通用しなくなってきたことを親世代は感じているため、今の時代に合ったこと、この子がやりたいことにもっと寄り添おうという気持ちが強い気がしますね。

一寸木　加えて、今のα世代の親たちは、子どものことを信じているという感覚も強いと思います。子どもが情報源となるツールを多く持つようになったことで、子どもっぽいことばかり言うのではなく、大人と話し合えるようになったり、一緒に楽しめる話題ができたりと、親子で感覚が近くなっています。なので、子どもの思いをより尊重するようになっているのかもしれません。α世代の特徴として、彼ら彼女らはたくさんの習い事に行きます。α世代の親からすると、習い事は無理をさせるものではなく、子どもが楽しめることや強みを生かせることを見つけてあげるための場なので、子どもが活躍できる場を親が一生懸命探してあげる風潮があります。α世代の親たちが子どもにかける時間やエネルギーはかなりのものです。

答えを出せないZ世代・AIに答えを聞くα世代

小々馬　学生指導要領は09年にも、〝脱ゆとり〟を標榜して変わっています。Z世代はこの脱ゆとりの教育課程で育ってきました。この教育課程はそれまでの教育と、どのような点に違いがあったのでしょうか。

一寸木　大きな違いは、それまでは学力偏重型で知識を養うことが教育だったのが、知識だけでなく人間性や思考力・判断力・表現力など、知識を使って自分で考える力を養うことを目指すようになったことです。

小々馬　そうした教育課程では、みんなで話し合って考えるようなグループワークも多いですよね。そのときに自分も含めて先生は「答えは1つじゃないから自由に考えよう！」と促し、学生たちはそれぞれ意見を言い合います。でも結局答えを導き出すまでには至らないことがあるんですよね。Z世代には、答えは出なかったけれどみんなで意見を言い合えたからいいよね、という空気があると感じています。それに比べてα世代は、ちゃんと答えを出すことを重視しているように見受けられます。成果志向が強いというか。新学習指導要領の教育方針が「考える力」から「生きる力」の育成へ変わったことの影響があるのか。一寸木さんから見るとどうですか？

一寸木　生徒が課題に対して主体的・対話的に向き合って深い学びを追及するために、自分で考えたり表現したりしながら学習内容の定着を図る、アクティブラーニングという手法があります。この手法では、それぞれが考えるだけでなく、最後に自分がまとめたものを成果物として発表することが肝になっています。α世代の成果志向はこういうところからも来ているのかもしれません。

小々馬　Z世代の大学生とα世代の小学生が一緒にグループワークをやったときに、Z世代はこの成果志向の強さを特に感じたと言っていました。

もう一つ、私がZ世代とα世代の最も大きな違いだと感じるのが、テクノロジーへの意識です。今の大学生は、SNSなどのテクノロジーツールが一般化する過渡期に育ちました。そのため新しいツールで怖い経験をしたことも多く、AIなどを生活に入れることに不安感があります。一方α世代は、生まれたときからツールが日常的に使われていて、かつ現在の年齢では保護者の管理の下で使うことが多いため、安全に使えるという意識が強いようです。そのためＡＩを使うことに抵抗感がなく、親和性もリテラシーも高い。

一寸木　α世代は本当にテックネーティブです。ちょうど私の息子が10年生まれのα世代なのですが、学校の授業で使うパソコンでゲームをやる子が多いので、先生たちがブロックするソフトを入れたそうなんです。でも子どもたちがそのブロックを回避するプロキシサーバーを見つけて、またゲームをやり始めてしまう。こんな攻防が何度かあったようで、生まれたときからツールが身近にあるだけあって、リテラシーの高さを感じます。

ＡＩへの意識も違うなと感じます。最近授業でChatGPTについて発表した子がいたのですが、「翻訳してくれたり文章を直してくれたりします」と言うのに加えて、「暇なときにおしゃべりもできます」というように、ＡＩを存在として認識していて感情があるかのように話すんですすね。

小々馬　先ほどの話にもつながりますが、Z世代は課題を見つけることに敏感ですが、解決する答えを導き出すことには今ひとつ自信を持てないようです。でもα世代は「ＡＩに聞けば、みんなが正しいと思うこと、すなわち答えは分かる」とシンプルに回答を出す世代なのではないかという気がしています。社会的に正しいとされていることが答えであって、答えを出すための話し合いに時間を使うのではなく、答えを実現するためにどういうアプローチが必要なのかを考えることに時間を使う。「答えを早く知りたい」という感覚が強いのだろうなとも思います。

一寸木　たしかにα世代は〝待ってられない〟特徴があるなと感じます。YouTubeショートの短いコンテンツを見ていたり、オンライン授業を早送りで見ていたりすることが当たり前なので、こういう特徴が出てくるのは納得です。

体験の順序がバーチャル↓リアルに

一寸木　遊び方も変わってきています。α世代はオンラインゲーム上でチームをつくって遊ぶのが楽みたいですね。対面で遊ぶのはちょっとめんどくさいと言います。対面だとゲーム以外にも人間関係やコミュニケーションが発生するから、そういうことなしに遊びたいということなのかなと。リアルよりバーチャルで会うほうがメインという感覚も少し出てきていると思います。

小々馬　バーチャルが一次世界で、現実が二次世界に順序が変わる可能性があるんじゃないかと、私も感じています。

一寸木　例えば「あの魚をゲームの中で取ったことがあるから実際に食べてみよう」というように、バーチャルで体験したことを現実でもやってみるという順序になってくるということですよね。ゲームが入門編で現実が応用編のような。なので、教育の現場にもゲームが融合しつつあります。

そしてこれはα世代向けだけでなく、大人向けにもゲーム感覚でできる学びのコンテンツが広がっていますよね。コンテンツ自体は大人向けだけどゲーム感覚でできるため、これまでは難しい本を読まないと学べなかったことが、子どもも自然に会得できるようになる。そうなってくると、ツールを使ってどんどん自分で学べる子が出てきます。もちろん一斉授業を受けたり他の人と話し合ったりする学びも必要ですが、自分で学びを取りにいける環境下では、教育の仕方も変わってくるかもしれません。

第2章

データで見るα世代

by インテージ 生活者研究センター研究員 小林春佳

情報と共に生きるα世代の特徴

インテージホールディング　R&Dセンターでは、2020年より産業能率大学の小々馬教授と共にα世代を含めた世代間研究を始めました。この研究では、今後の消費の中心として注目を集めるZ世代と、さらに下の世代に当たる、生まれたときからデジタルに慣れ親しんでいるα世代の情報接触・価値観・消費行動を、様々な調査を通して理解を深めることを目的としています。

本研究では、世代の名称を、若者を理解するための一つの区切りとして活用しています。そして調査結果を分析する際は、年齢、職種、学年など複数の切り口を設け、世代の区切りに捉われず、視野を広げて解釈するように心掛けています。研究を行うに当たり、22年9月に全国の10〜40歳（α世代・Z世代・ミレニアル世代）1万7000人に、インターネットを通してアンケートを実施しました。アンケート対象者の性年代構成は、日本の人口統計に合わせた比率になっています。第2章では、このアンケート結果から得られる分析・

アンケート対象者の性年代構成

年齢	男性	女性	合計	世代
10-12歳	720	700	1420	α世代(代理回答)
13-15歳	720	700	1420	Z世代(代理回答)
16-20歳	1280	1190	2470	Z世代
21-25歳	1410	1340	2750	Z世代
26-30歳	1430	1360	2790	ミレニアル世代
31-35歳	1480	1420	2900	ミレニアル世代
36-40歳	1660	1590	3250	ミレニアル世代
合計	8700	8300	17000	

ミレニアル世代：1980〜96年生まれ(26-40歳) ※2024年時点
Z世代：1997〜2009年生まれ(13-25歳)
α世代：2010年以降生まれ(10-12歳)

全国の10〜40歳（α世代・Z世代・ミレニアル世代）17000人にアンケートを実施。
アンケート対象者の性年代構成（上記）は、日本の人口統計に合わせた比率

調査を基に、α世代の特性について報告します。

なお調査は、一般社団法人日本マーケティング・リサーチ協会　マーケティング・リサーチ綱領　第17条に定められている通り、中学生以下の協力者は、保護者の同意・同伴を得た上で実施しました。

α世代はゲーム機がスマホ代わり？

まず初めに、普段自分の意志で使用できるデバイスについて聞いたところ、α世代はスマートフォンの使用率がPCに次いで低く、テレビ、タブレット、ゲーム機の使用率が他の世代

普段自分の意思で使用できるデバイス（複数回答）

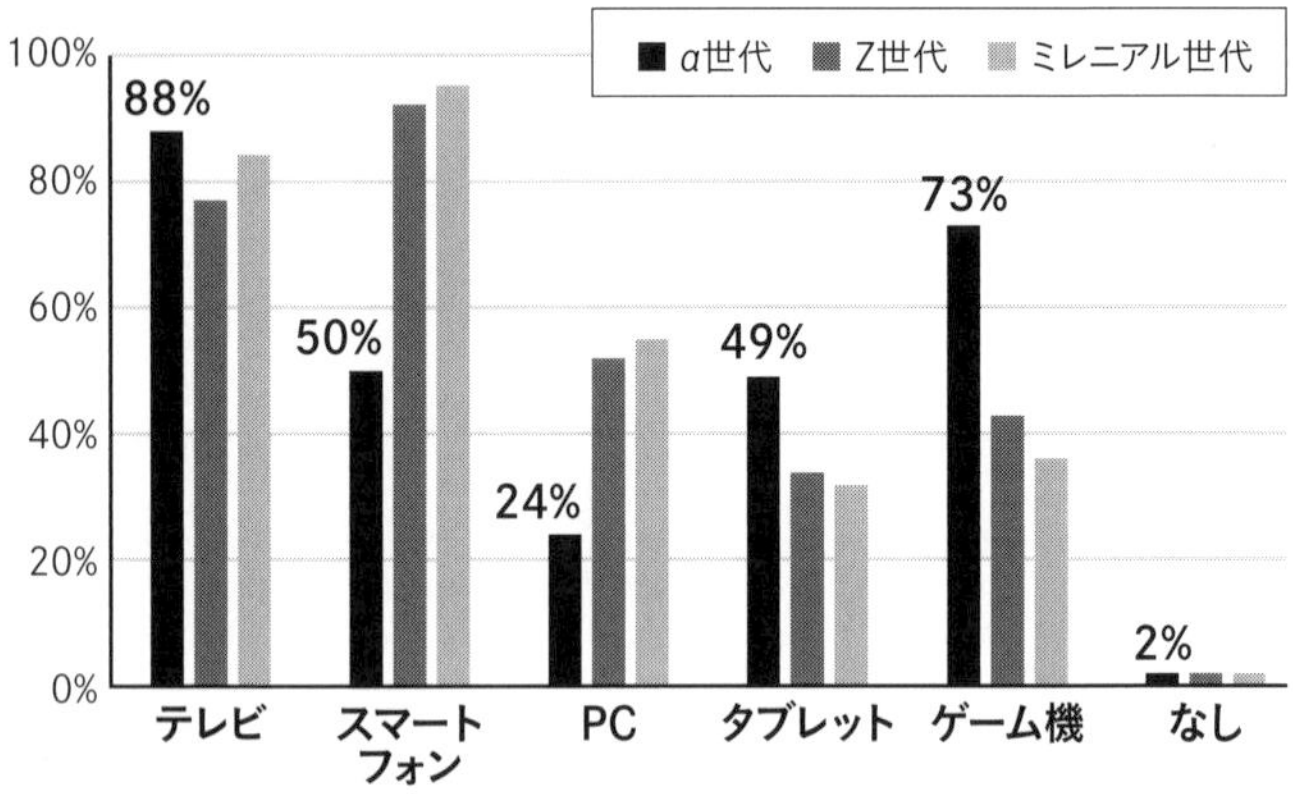

に比べて最も高いことが分かりました。24年現在、α世代は主に小学生であることから、個人のスマホなどパーソナルな情報通信機器の使用が保護者に委ねられているため、まだ日常的に使用することが難しいと考えられます。一方でテレビやタブレット、ゲーム機は、普段から使用が認められているデバイスであることがうかがえます。

また、デバイスを初めて使用した年齢の平均は、同じデジタルネーティブと呼ばれているZ世代よりも下がっていることが分かりました。α世代のスマホの平均使用開始年齢は8歳、対してZ世代は14歳。タブ

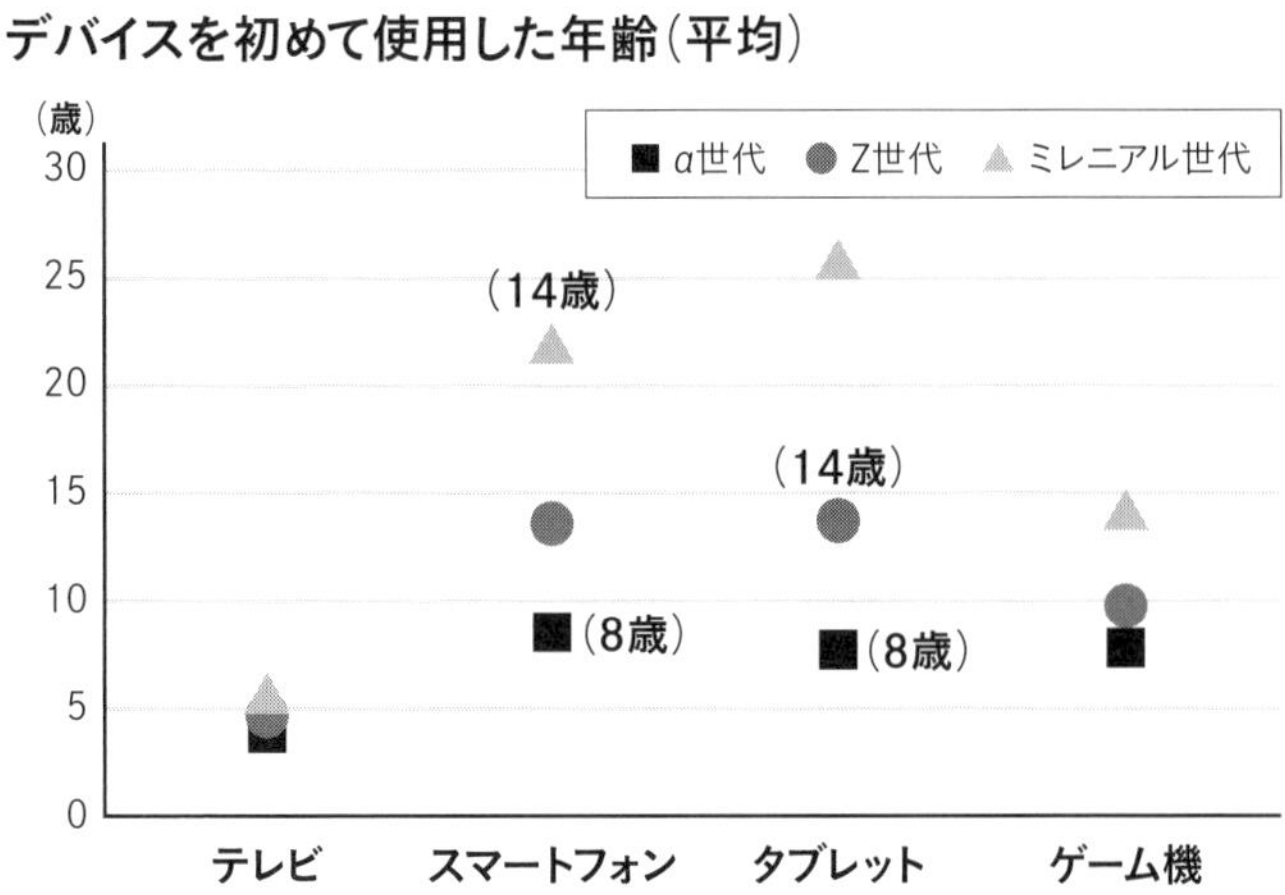

レットの使用開始年齢も、α世代は8歳なのに対し、Z世代は14歳と、5歳以上も使用開始した年齢が下がっています。生まれたときからスマートフォンをはじめとしたデジタル機器が身近に存在している、α世代ならではの結果でしょう。調査では小学生を対象としていますが、小学生より下の年齢では、さらに使用開始年齢が下がることが予想されます。

続いて、これらのデバイスを何に利用しているかについて調査を行いました。α世代に注目すると、彼ら彼女らの半数以上が、テレビを無料動画視聴とゲームに使用し

テレビで利用するコンテンツ（複数回答）

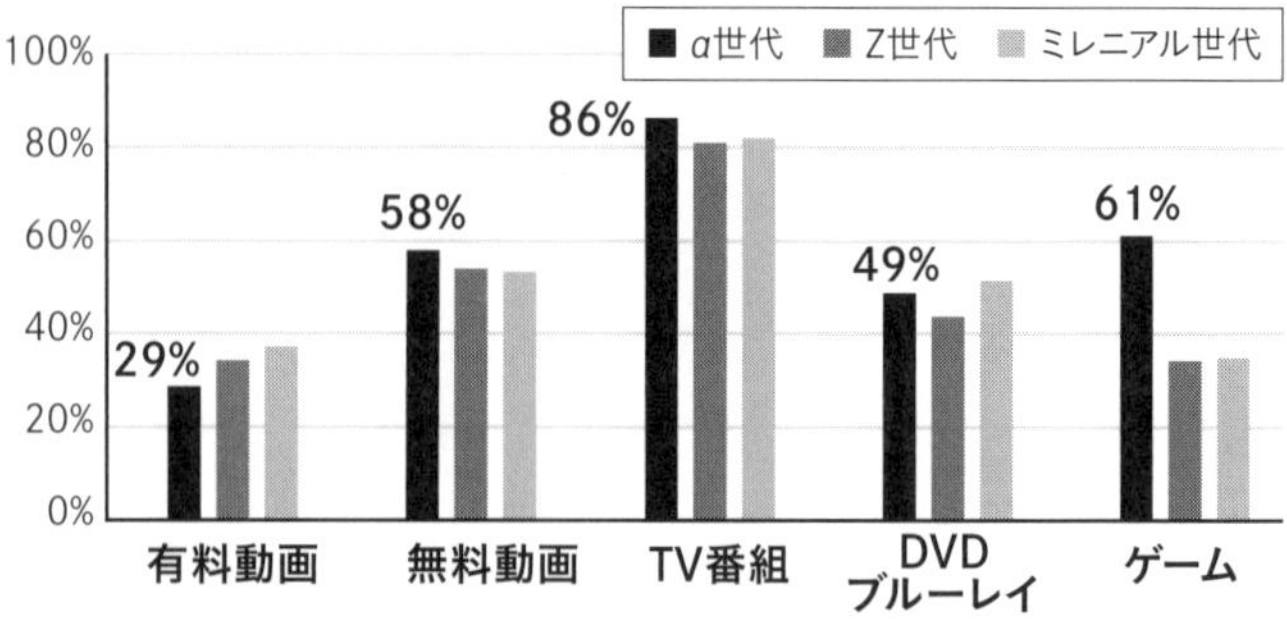

タブレットで利用するコンテンツ（複数回答）

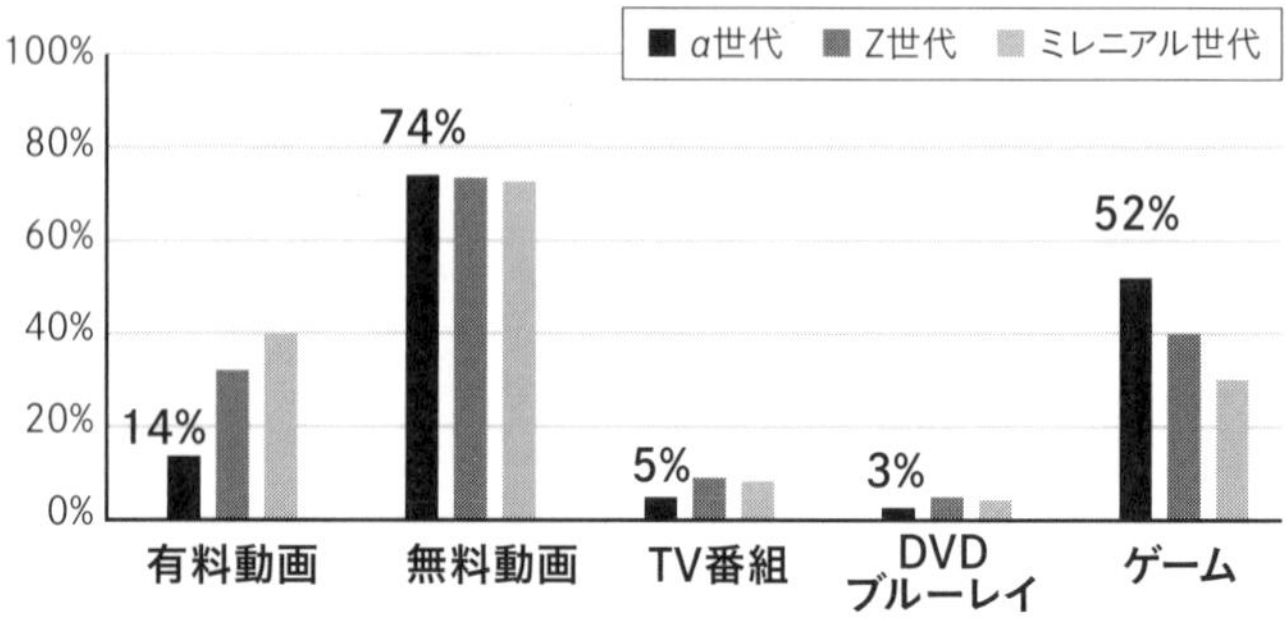

ゲーム機で利用するコンテンツ（複数回答）

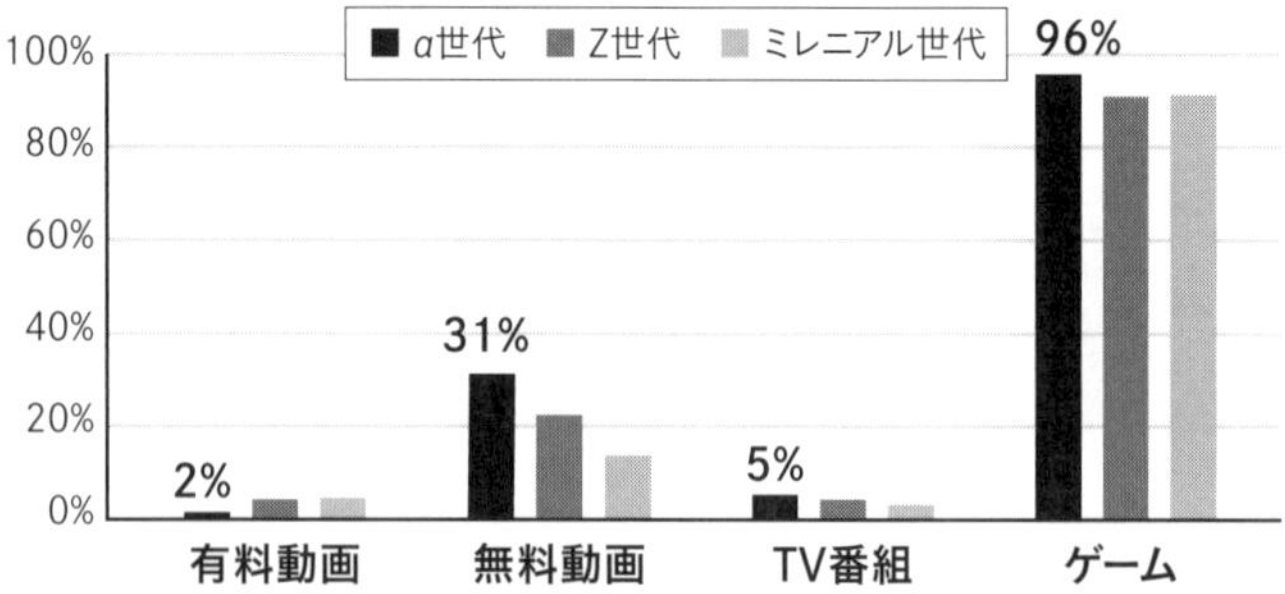

ています。タブレットは、Z世代やミレニアル世代と同様に、無料動画サービスを楽しむために使うα世代が多数。注目すべきは、約30％のα世代がゲーム機でも無料動画サービスを利用すると回答したことです。α世代にとってゲーム機は、様々なコンテンツやアプリを通して情報を吸収するための、主要なデバイスになっています。ゲーム機はスマホなどと異なり、ある程度自分の意志で使用できることもあり、彼ら彼女らにとってパーソナルな情報通信機器としての役割を果たしているのかもしれません。α世代の生活の中では、デバイスが多様化していることがうかがえます。

α世代がどのタイミングでどのようにデバイスを使用しているか、実態を把握する目的で22年4～5月に行動観察調査を行いました。同調査では、同意いただいた家庭にカメラを設置し、デバイスの使用状況を録画してもらいました。調査の結果、α世代とZ世代の姉弟が別々のゲーム機から別々の無料動画を視聴する様子を観察できました。

Z世代の姉は、テレビに家庭用ゲーム機をつないでゲームを行い、隣でα世代の弟は、

家庭用ゲーム機をテレビにつないで動画を視聴するZ世代の姉と、家庭用ゲーム機をタブレットにつないで動画を視聴するα世代の弟。それぞれのゲーム機を異なるデバイスにつないで、同じ空間にいながら別々の動画を視聴する
(イラスト／ROROICHI)

タブレットに家庭用ゲーム機をつないで無料動画視聴サービスを利用していました。動画サービスの操作には、家庭用ゲーム機のコントローラーを使います。しばらくすると姉もゲームをやめ、そのまま家庭用ゲーム機を経由してテレビで無料動画を視聴し始めました。

複数デバイスを使用できる環境とデバイスの多様化によって、テレビではテレビ番組、スマートフォンでは動画、SNS、ネットサーフィンといったデバイスごとの使用方法の常識が変化していることを感じます。このような変化に応じ、様々な情報経路を

仮想空間を利用したオンラインゲーム（メタバースゲーム）意識

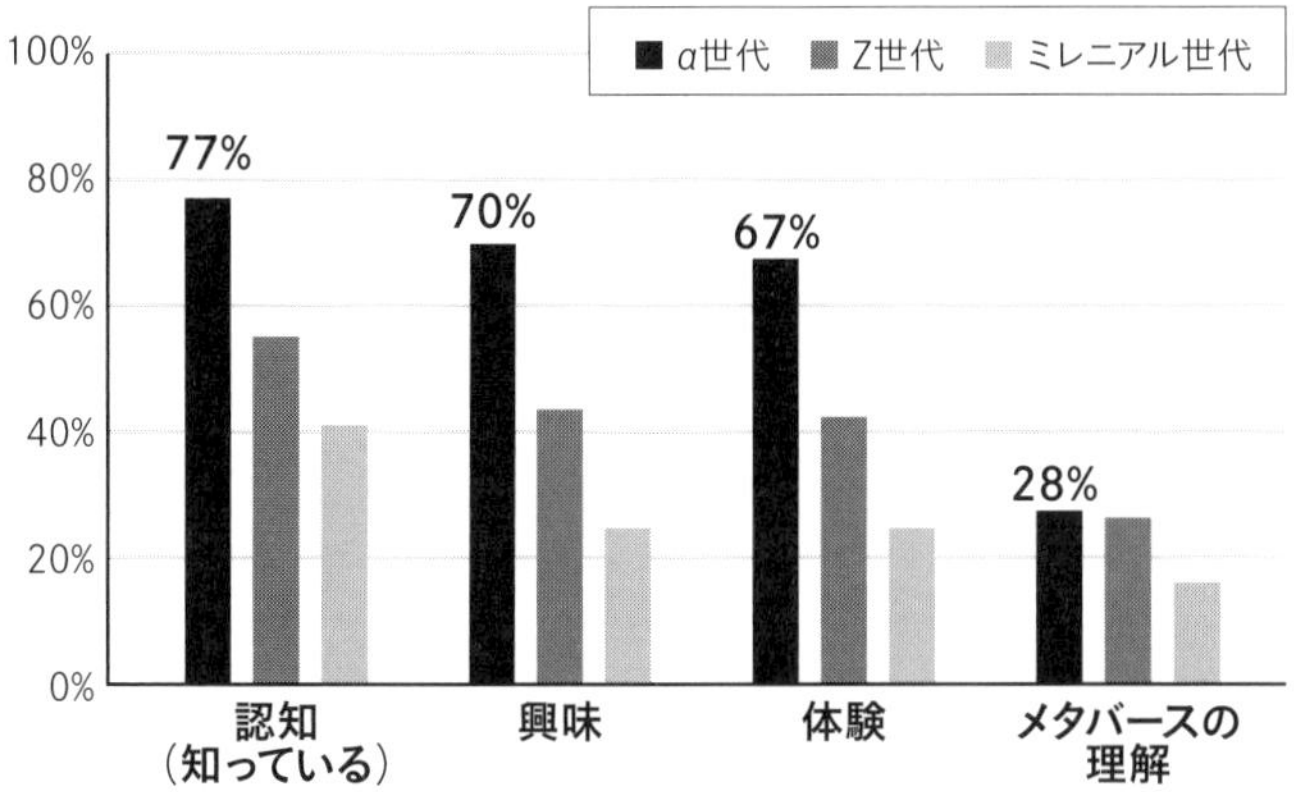

メタバースゲームを知っている、興味がある、実際にプレーしたことがあるα世代の比率は、他の世代を大きく上回っている

想定したコミュニケーションを考える必要がありそうです。

行動観察調査からα世代は、オンライン通信可能なゲームを複数プレーする様子も観察できました。これらのゲームを日常的に行うα世代は、仮想空間やメタバースについてどの程度理解しているか、定量的に調査を行いました。その結果、α世代は他の世代に比べ、仮想空間を利用したオンラインゲームの認知（知っている）・興味そして体験の比率も高く、約70％が既にオンラインゲームを通して、インターネット上の仮想空間、いわゆるメタバースを体験していることが分かりました。ゲーム機やタブレットの使用率が高いことから、これらのデバイスを使い、主にはゲームを通してメタバースを体験していると考えられます。ここ数年で、メタバースゲームが一般向けコンテンツとして普及し、そのコンテンツを子どもから大人まで広く体験できるような環境に変化していることがうかがえます。とはいえ、オンライン上の仮想空間を利用したゲームを「メタバース」だと理解している人の割合は低く、メタバースという言葉はまだまだ認知が低いようです。

テレビ番組、テレビで見る無料動画、スマホ・タブレットで見る無料動画、ゲームへの印象を調べたところ、α世代は、これらのコンテンツを楽しいと感じ、心理的にも受け入れていることが分かりました。中でも「楽しさ」「自分に合っている」「周囲との話題の種になる」の全項目で最も支持されていたのはゲームです。α世代の生活の中においてゲームは、自分の趣味に加え、周囲とコミュニケーションを図るネタの一つとなっているのかもしれません。

楽しさ

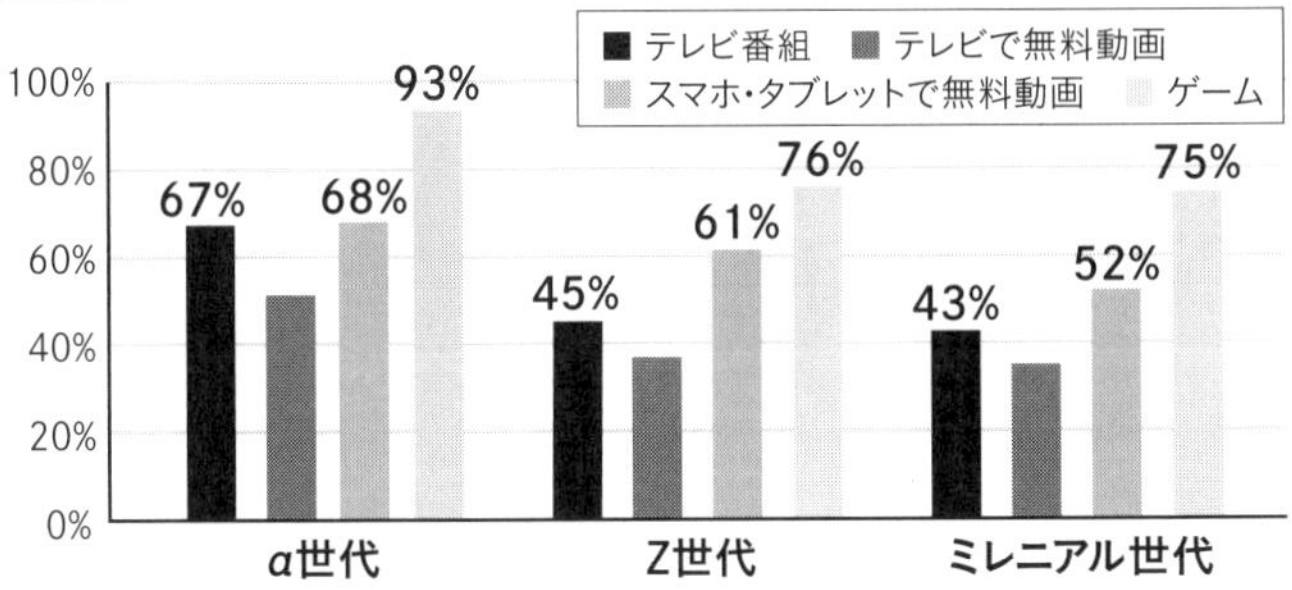

自分に合っている

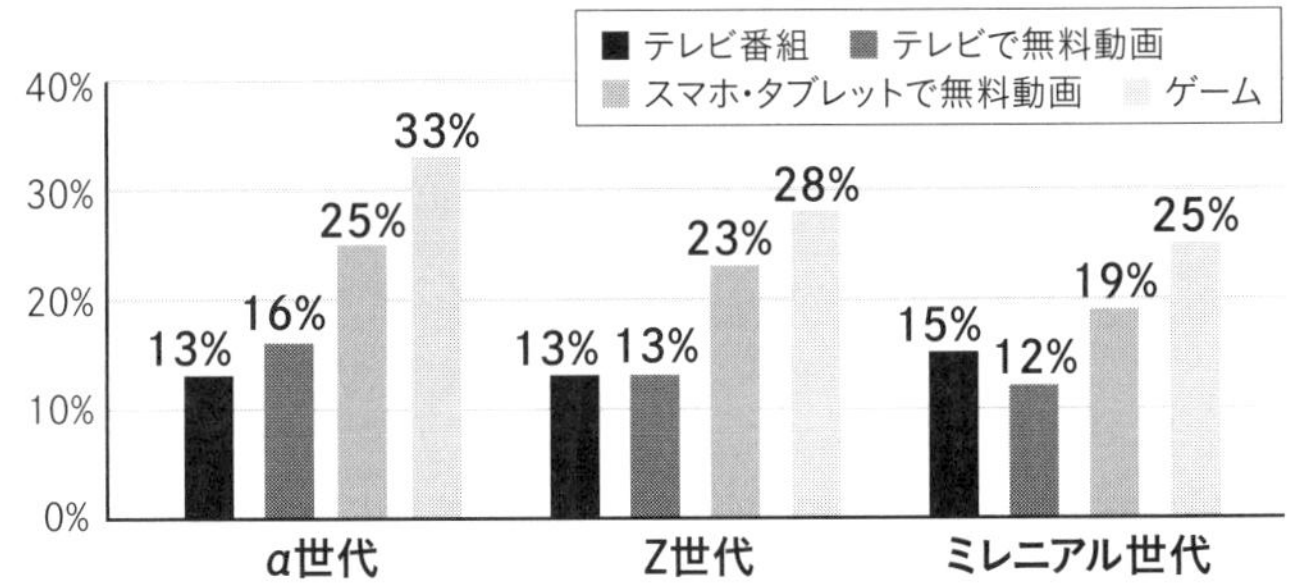

周囲との話題の種になる

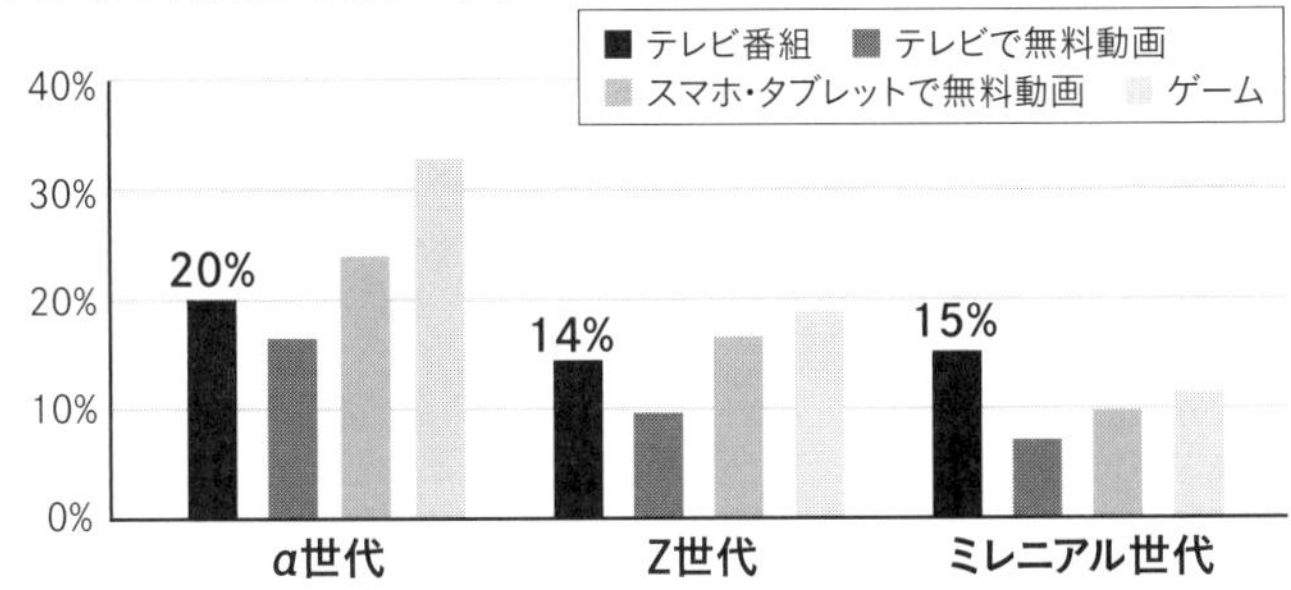

複数デバイスで様々なコンテンツを楽しむα世代ですが、テレビ番組、無料動画、テレビゲームの利用時間を比較すると、他の世代と同等もしくは他の世代よりも利用時間が短いことが分かります。自分の意志で使えるとはいえ、利用するに当たって家庭内で制約があることがうかがえます。

テレビ番組の
1日の視聴時間

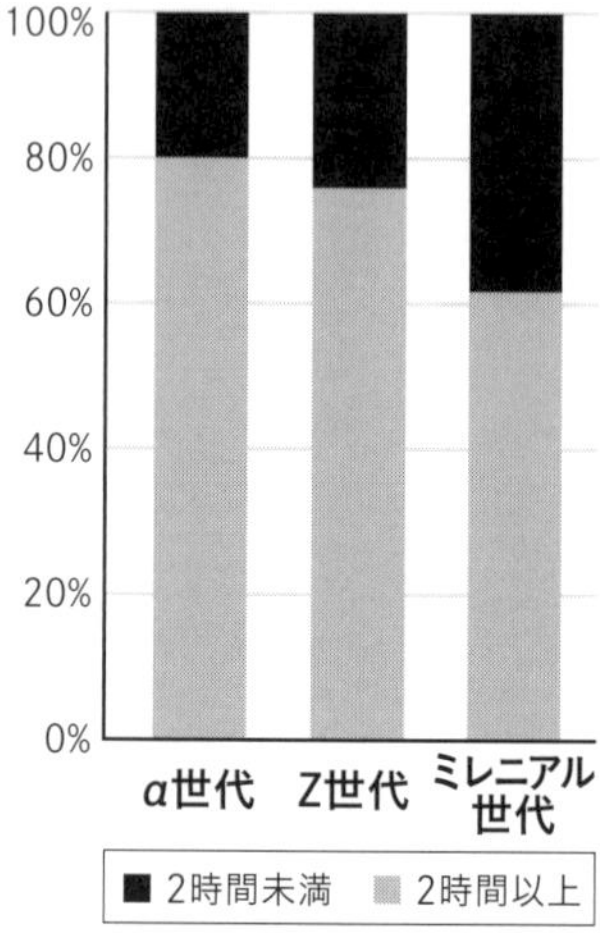

テレビで見る無料動画の
1日の視聴時間

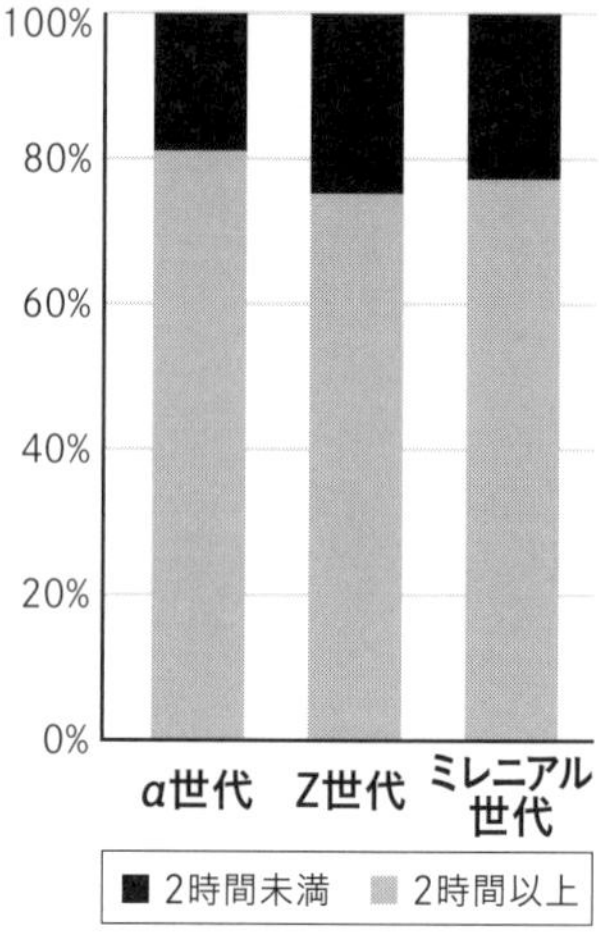

スマホ・タブレットで見る
無料動画の1日の視聴時間

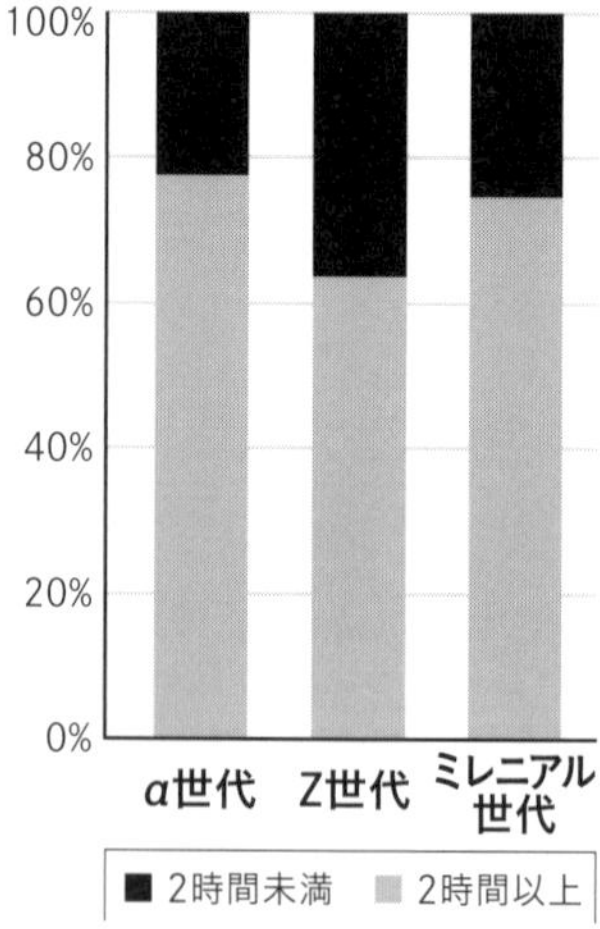

TVゲームの
1日の利用時間

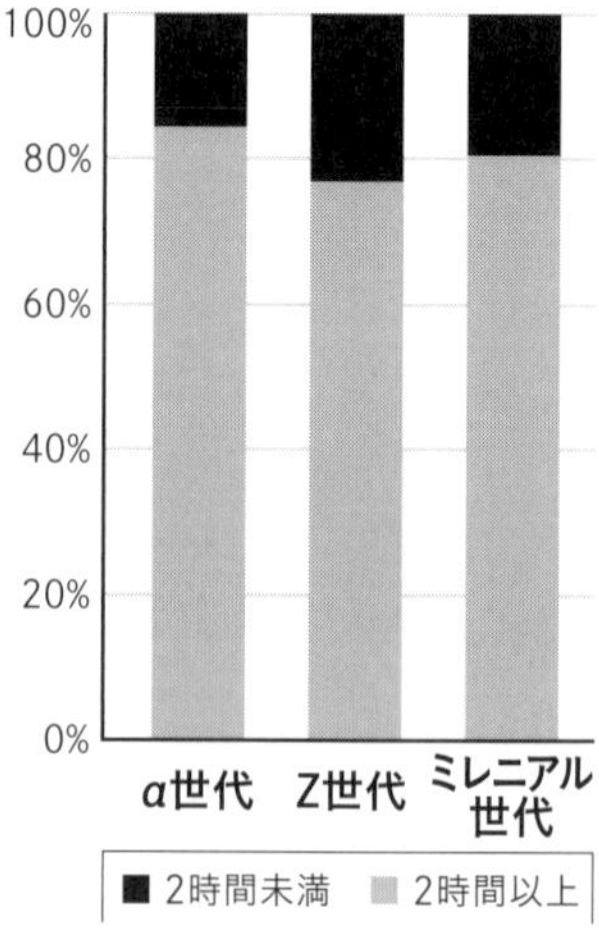

個人アカウントを登録しているSNS

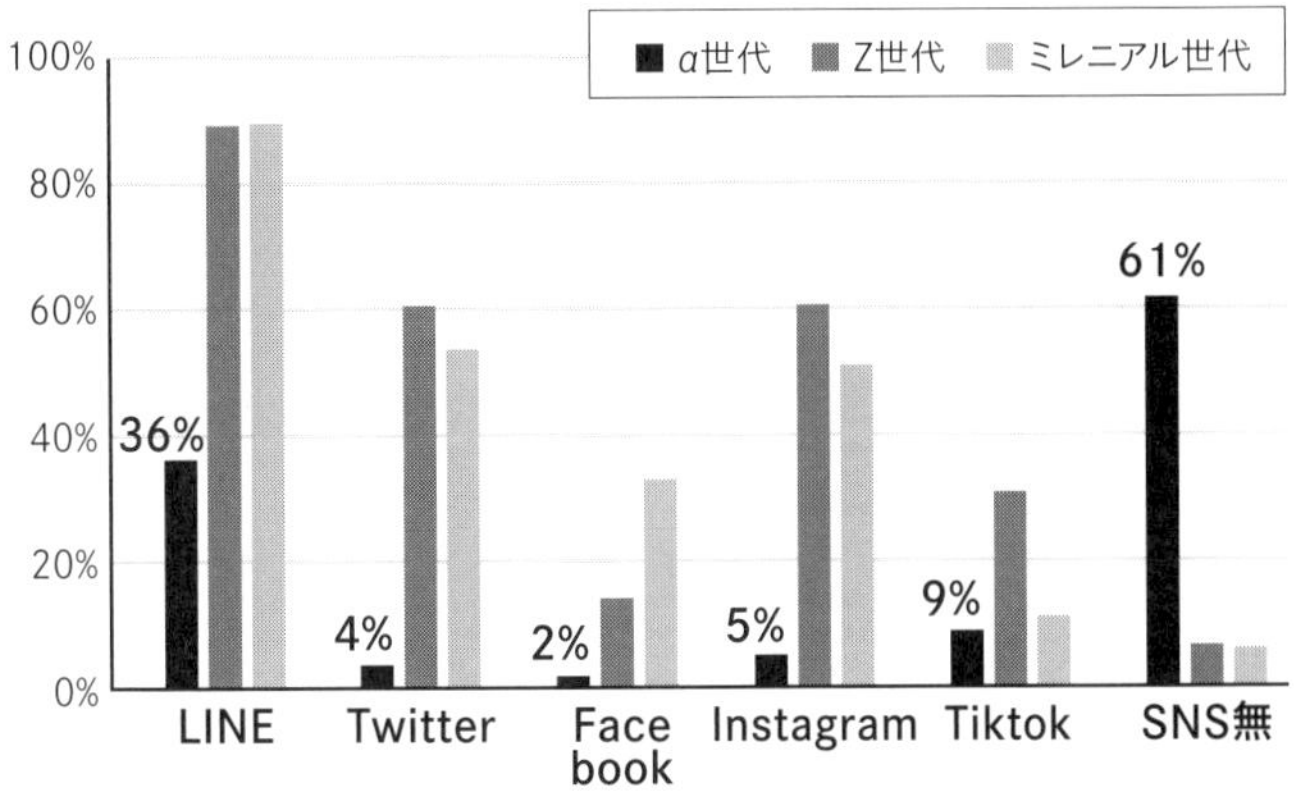

また、テレビ番組とスマホ・タブレットで見る無料動画の「楽しさ」を支持している割合は、大差がないにもかかわらず、「自分に合っている」「周囲との話題の種になる」項目では、スマホ・タブレットで見る無料動画がテレビ番組より支持されていました。α世代にとっては、テレビ番組よりも無料動画が周囲とのコミュニケーションにおける情報源としての役割を果たしている可能性を示唆しています。

他にもα世代は、約60％がSNSの個人アカウントを所有していません。最も個人アカウントの所有率が高いサービスは

LINEです。オンラインインタビュー調査を行うと、LINEは主に家族や友人との連絡用に使用していると分かりました。SNS、無料動画の視聴、ネットショッピングには、α世代の個人アカウントではなく、保護者のアカウントを使用しています。将来的には個人アカウントを所有することを考えると、SNSの普及や利用実態は今後さらに注目されていくでしょう。

α世代の消費を起こす情報源

21年12月と22年4月に、α世代の日々の購買に関する情報接触と消費の実態把握を目的として、α世代の男女14人にオンラインインタビューを行いました。

α世代の情報源は、友人との会話が第一、そして第二の情報源として出てくるのはYouTubeでした。インタビューで「ほしい物があるとき、それについてどうやって調べるか」を聞くと、特に気になったおもちゃやゲームの詳細は、YouTubeの実況動画でチェッ

情報源の世代間比較

情報源	α世代	Z世代	ミレニアル世代
メイン	会話の中で新しいアニメを知ったり、友達が持っているものに興味を持ったりする	Instagramは複数アカウントを使い分け、日常的に1日3時間以上閲覧する。投稿は日常の事を日記のようにストーリーへ	何かを調べたいときは、まずはGoogleで検索してから、公式サイトなどを確認
サブ	同年代のYouTuberやゲーム実況者が配信している、おもちゃやゲームのプレイ動画を視聴。視聴デバイスはスマホかNintendo Switch	X(旧Twitter)は複数アカウントを使い分け主に情報収集目的	YouTubeの公式チャンネルを登録して適宜確認。口コミから閲覧し、レビュー動画視聴へ移行
		検索はGoogleよりYouTubeを利用。おすすめ動画をついだらだら見続けてしまう	Xは複数アカウントを使い分け主に情報収集目的で、公式のみを幅広くチェック
その他	TikTokは親のスマホを借りてたまに視聴。LINEは家族や親しい友人との連絡用	TikTokは音楽や動画を何となく眺めるだけ。LINEは家族や親しい友人との連絡用	Instagramの閲覧は1日1-2回程度。LINEは家族や親しい友人との連絡用

クしている、と答える人がほとんどでした。

また、YouTubeの利用が日常となったことで、家庭で利用制限が必要なものは「テレビ（動画配信サービスを含む）」「ゲーム」に加え「YouTube」の3つに増えているご家庭もありました。家庭では、使用時間の制限に加えて、コンテンツ制限も行います。年齢に応じた動画のみを視聴可能に設定したり、時には保護者が動画をチェックして保護者自身が制限したりします。制限の理由には、「勉強や習い事がおろそかになるから」ばかりでなく、際限なく新しいコンテンツが出現し続ける〝おすすめ／リコメンド機能〟を要因とした「時間制限が効かず、長時間視聴による視力低下」や「親が確認できないコンテンツが増え、子どもの行動を把握しきれなくなる」といった回答もあり、新たな心配事が増えている状況です。

一方で、Z世代の第一の情報源はInstagramです。そしてZ世代も第二の情報源としてYouTubeを挙げる人が多く、動画メディアが購買にも影響を与え得る主要メディアであることが分かります。X（旧Twitter）を情報収集目的で使用しているというZ世代の声も多く聞かれました。

α世代の4つの消費クラスター

利用するデバイスやコンテンツによって、得られる情報は異なります。α世代は幼少期から複数デバイスを利用できる環境にいることで、自身の興味関心に応じた情報の取捨選択や時間の使い方を、より能動的に考えて成長してきたのではないかと考えられます。私たちは、利用デバイスとコンテンツの特徴からα世代をタイプ分けし、さらなる理解を試みました。

21年1~2月に、全国の10~40歳（α世代・Z世代・ミレニアル世代）5400人を対象として、インターネット調査を行いました。「普段利用するデバイス」と「コンテンツ視聴時間」を聞き、結果からクラスター分析を実施し、4つのタイプに区分しました。それぞれのタイプについて、消費への意識として自分で買うものを自由に選択できるときの基準や学校生活への意識（普段の学校生活に関する質問や将来の希望などを含む）、勉強時間、家族との関係性など、ライフスタイルや保護者の子育てタイプを比較分析し、4つのタイプのα世代のプロフィルを作成しました。デバイスやコンテンツとの関係はライフスタイルや情報との接点を物語っているものなので、それらが価値観などに直接的に影響を与えているとは言い切れませんが、情報経路に応じたα世代へのコミュニケーション方法を考えるうえで、役に立つ情報だと思います。

クラスター1：テレビ番組好きっ子

全体の27％を占め、テレビ番組・録画番組の視聴時間が長いα世代です。勉強の楽しさや面白さ、自身の進路などの学校に関する意識は、クラスター間で有意差がある項目全てにおいて、最もポジティブでした。消費意識は、新商品よりも今使っている物を買う継続購入意向が高いです。海外の学校への進学意向が最も低く、保守的な性格を有していると考えられます。また、このクラスターの保護者は過度な教育指導をせず、子どもを自由にのびのびと成長させる方針が強いです。

クラスター2：テレビで動画っ子

全体の29％を占め、無料・有料ともにテレビで動画を視聴する時間が長いα世代です。使用可能なデバイス数は4クラスターの中で最も多いです。学校に関する意識はネガティブで、特に運動会など行事への参加意欲や学校に毎日通学したい気持ちが低い傾向があります。消費意識は、今使っている物を継続して買う意向が低い傾向が見られ、新商品への興味が高いと推察できます。海外の学校への進学意向が最も高く、チャレンジ精神旺盛な

α世代の4つの消費クラスター

テレビ番組・動画・ゲームのいずれも視聴時間が短い。デバイス数も少ない	コンテンツ・デバイスの関係	平日・休日のテレビ番組・録画番組の視聴時間が長い
衝動買いをしないようにしている	消費意識	新商品よりも今使っている物を買いたい継続購入意向が強い
学校は好き、学力の高い学校を卒業することを大切だと考えている	学校勉強意識	学校が好き。海外の学校への進学意向が低い
終わるまで細かく教育指導する教育熱心	保護者のタイプ	教育指導などはせず、子どもを自由にのびのびさせる

Cluster4 将来投資っ子　　**Cluster1 テレビ番組好きっ子**

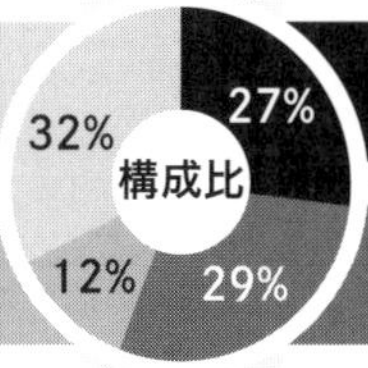

Cluster3 ゲーム好きっ子　　**Cluster2 テレビで動画っ子**

ゲーム全般とタブレットでの無料・有料動画の視聴時間が長い	コンテンツ・デバイスの関係	無料・有料ともにテレビで動画を視聴する時間が長く、デバイス数も多い
衝動買い傾向がある。毎日の生活を充実させて楽しむことに力を入れたい	消費意識	今使っている物よりも新商品を買いたい
授業や話し合いへの積極的な関与を好まず、授業の楽しさをあまり感じない	学校勉強意識	行事への参加意欲や学校に通いたい気持ちが弱い、海外の学校への進学意向が高い
様々な指導法方法を試して試行錯誤する	保護者のタイプ	教育指導などはせず、子どもを自由にのびのびさせる

※イラストはイメージ

（イラスト／popman3580）

性格を有していると考えられます。このクラスターの保護者も、過度な教育指導をせず、子どもを自由にのびのびと成長させる方針が強いです。

クラスター3：ゲーム好きっ子

全体の12％を占め、ゲーム全般と無料・有料ともにタブレットで動画を視聴する時間が長いα世代です。学校に関する意識はネガティブで、特に授業や話し合いへの積極的な関与を好まず、授業の楽しさも感じられていないようです。加えて、学習に関する価値観を聞くと、問題を解く面白さを他クラスターに比べて感じていないことから、型にはめた学習方法を好まないと推察できます。他クラスターに比べて衝動買いする傾向が見られ、また、毎日の生活を充実させて楽しむことに力を入れたいという意識が高かったです。以上のことから、型にはまらない今を全力で楽しむ楽観的な性格を有していると考えられます。このクラスターの保護者は、様々な指導方法を試行錯誤して試す傾向が強いです。

クラスター4：将来投資っ子

全体の32％を占め、テレビ番組・動画・ゲームのいずれも視聴時間が短いα世代です。使用可能デバイス数も4クラスターの中で最も少なかったです。学校に関する意識はポジティブで、学力の高い学校を卒業することを他のクラスターよりも大切だと感じています。衝動買いをしないように意識しているなど、今よりも将来を重視する堅実な性格を有していると考えられます。保護者は、課題が終わるまで細かく教育指導する、教育熱心な傾向が強いです。

リコメンド機能を本能的に理解し活用

続いて、α世代の消費観について見ていきます。調査ではまず、自分で自由に選んで買い物をするときの基準について聞きました。

α世代は「好きなものに関係するもの」を選ぶ割合が最も高く、推し消費をうかがわせ

買い物の基準

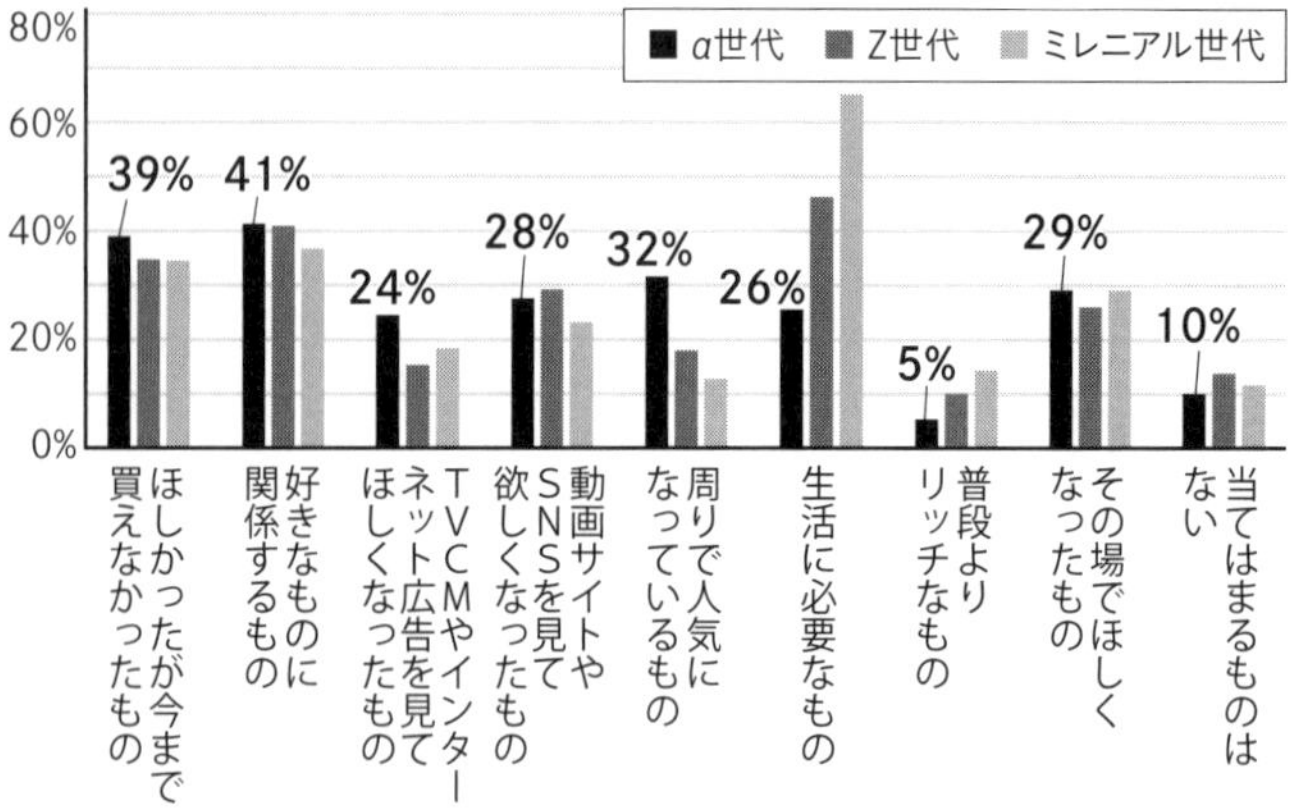

る結果でした。次いで「ほしかったが今まで買えなかったもの」「周りで人気になっているもの」の割合が高く、周囲とのコミュニケーションからほしいもの・ことに出合っている傾向が読み取れます。一方Z世代の買い物の基準は、「生活に必要なもの」が最も高く、次いで「好きなものに関係するもの」で選ぶ傾向が強いようです。「動画サイトやSNSを見てほしくなったもの」を買う傾向は、α世代よりも若干強いようです。

また、α世代が好きな物とどのように出合い、実際に買い物をしているのかを知るために、インタビュー調査を行いました。調査では、やや特別な消費（計画購買）を誘発するため、各世代の1カ月の平均小遣い金額よりも少し高めの金額を調査費用として提供し、指定した期間で買い物をしてもらいました。後日オンラインインタビューでその買い物に関する内容を聞きました。

α世代は、友人との会話やYouTubeの実況動画などからほしい商品に度々出合います。しかし、大抵の商品は普段のお小遣いで買える金額ではないため、親からスマートフォンやタブレットを借りて、Amazonや楽天などのショッピングサイトから商品を探してとりあえずお気に入り登録しておきます。誕生日やテストの点数が良かったときなど、買ってもらえそうなタイミングになったらお気に入り登録しておいた商品を親に見せ、今度は親と一緒に公式ホームページやレビューサイトを確認し、最終的に購入してもらうという流れでした。ほしい物はショッピングサイトで簡単に探すことができることを理解しています。

消費行動の世代間比較

**α世代は普段大きな買い物ができないからこそ、
ほしい物を覚えておくための行為をする**

**Z世代はSNSのおすすめからほしい物に接触し、
その接触が複数回繰り返されることで実際の比較検討に移る**

**比較検討はミレニアル世代と大きな違いはないが、
比較検討に移るまでの期間に大きな違いがある**

α世代

友人との会話、YouTubeの実況動画、テレビCMでほしい物に出合う

↓

普段のお小遣いでは買えないので、誕生日やテストの点数がよかったときに買ってもらうため、Amazonや楽天などでとりあえずお気に入り登録しておく

↓

買ってもらえそうなタイミングになったらオンラインでGoogle検索したりレビューを確認
オフラインの場合は質感やサイズを親と一緒に比較検討

↓

購入の最終確認を親にもらい、購入

↓

SNSをまだ利用していないので、友人と一緒に遊ぶ程度

Z世代

Instagramで気になった物はスクショ
YouTubeのホーム画面に実況動画が流れてきてついつい視聴してしまう

↓

**気になったものに
何度も接触する**
X(旧Twitter)のタイムラインに流れてきた
Instagramのお薦めにまた出てきた
友人と話題になった

↓

**実際に購入するために
比較検討**
Google検菜して公式HPを閲覧
Amazonや価格.comのピューを確認
YouTubeの実況動画を再確認

↓

店頭に行くときはもう買うと決めたとき

↓

誰かに"いいね!"してもらうためではなく"目にとめてもらえたら"と日記意識で投稿

ミレニアル世代

高額なほしい物は、現在持っている商品やブランドを起点に思いつく

↓

Google検索して公式HPを閲覧
まとめサイト、比較サイトを閲覧

↓

口コミをチェック
家族や友人に相談
公式HPのレビューを確認
別のまとめサイト、比較サイトを確認
Amazonや価格.comのレビューを確認
YouTubeのレビュー動画を確認
X（旧Twitter）の購入者のつぶやきを確認

↓

高額な買い物はオンラインでは心配なので実際に店頭に行って最終確認

↓

購入した商品を"見てほしい"意識で投稿

中には、親がクレジットカードを登録しているためワンクリックで購入できる設定と知っているため、金額を考慮することなく購入を進めてしまうα世代もいました。また、特筆すべきは、レコメンド機能を自然に駆使していることです。たとえほしいおもちゃの正確な商品名が分からなくとも、キーワードを打ち込んで似た商品をたどっていけば、類似品としてほしい商品がレコメンドされる可能性があることを感覚的に理解できていました。親に教えられなくとも、小学校低学年のころから検索機能を使い始め、スマートフォンを操作してショッピングサイトにアクセスし、お気に入りやリコメンドなどの機能を軽々と使いこなしているのがα世代です。改めて、この世代のデジタル機器やサービスへの適応力の高さに驚かされます。

いくつか特徴的な購買行動をしていたα世代を紹介します。

ケース1：ショッピングサイトの「保存」を巧みに使う小学4年生の女の子

数カ月前にイヤリングがほしくなり母親に相談。母親はピアスしか持っていないため借りられないことが分かったので、母親のスマートフォンを借りて、楽天でイヤリングを検索しました。ほしいと思ったイヤリングをお気に入りに登録保存したものの、母親からは「買うのはちょっと待っていなさい」と言われたため、そのままお気に入りに保存しておき、買ってもらえる機会を狙っていました。今回の調査で、お気に入り登録を母親に改めて見せ、購入してもらいました。

Case1
ショッピングサイトの「保存」を巧みに使う小学4年生の女の子

年齢	9歳
学年	小学4年生
家族構成	父・母・妹
よく利用する情報ツール	TikTok YouTube テレビ
最近の興味関心	Nintendo Switchとタブレットのゲーム Nintendo Switchでは、マインクラフト タブレットでは、着せ替えゲーム

	興味のきっかけ	購買計画	購入決定	購入後の心境
イヤリング	【数カ月前に】 お母さんにイヤリングを借りようと思ったらお母さんはピアスしか持っていなかった	**お気に入りリストに保存** 普段から楽天で自分がほしい物や、テレビで見た物を検索。お気に入り保存し、タイミングが来たらお母さんにお願いする	**お気に入りリストからそのまま購入** お気に入り保存されていたイヤリングを購入。お気に入りリストから買えてうれしい気持ち	お母さんや友達に「みてみてー」と見せていいでしょうという気持ち
おもちゃ	【最近】 友達が公園に持ってきたときに使わせてもらった。引っ張るときに気持ちよくて、こんなのあるんだ! と思った	**ネットショッピングで似ている単語を検索** 名前が分からなくて、楽天で「ポップイット」と検索して、ポップイットとセットの商品が出てきて初めて商品名を知った	**お気に入りリストからそのまま購入** 正式な商品名で検索をして、お気に入りリストに登録。お母さんに相談して購入	届いて使ってみると気持ちいいし面白いと思った

（イラスト／ROROICHI）

ケース2：スマホで検索・購入まで完結する小学2年生の男の子

家族所有しているタブレットで、普段から有料動画アプリなどを自分の意志で使うことができます。今回の調査が決まり、Ａｍａｚｏｎで「恐竜」と検索し、モササウルスのフィギュアを発見。商品の詳細説明欄でサイズを見てから、自分の定規でフィギュアの大きさを確認し、ワンクリックで買える設定になっていたので自分で購入まで行いました。保護者には購入した後に報告しました。

Case2
スマートフォンで検索・購入まで完結する小学2年生の男の子

年齢	8歳
学年	小学2年生
家族構成	両親を含め6人
よく利用する情報ツール	YouTube インターネット
最近の興味関心	マインクラフトにハマっていてゲームに出てきたアイテム(鉱石や宝石)がほしい マインクラフトのゲーム実況なども視聴

	興味のきっかけ	購買計画	購入決定
購入　ゲームA	【最近】 **YouTubeと店頭で接触** ゲームAはYouTube CMとかゲーム屋さんで実況動画で見た	**Amazonで検索・購入** 自分でAmazonで検索した。ワンクリックで買える設定になっていたため、そのまま購入した 一番上の兄にちょうど1万円程度になるか計算してもらって、楽しかった	
非購入　ゲームB	【調査前】 調査が決まってうれしくて、「恐竜」で検索	**Amazonで検索・購入** Amazonで「恐竜」と検索してモササウルスのフィギアを買ってしまった 商品ページのスペックを見て、定規を持ってきて大きさ確かめてから勝手に購入した	

(イラスト／ROROICHI)

また、α世代の情報源としてYouTubeが一般的になっていることにより、買い物の仕方にも変化が起きています。

ケース3：YouTubeを見てクリア方法まで確認した上で、ゲームを購入する小学4年生の男の子

YouTubeで流れるコマーシャルや店のおもちゃコーナー、YouTubeのゲーム実況で新作のゲームを知りました。その後YouTubeのゲーム実況でクリアまでの全過程を視聴し、だいたいのクリア方法が分かった上で、このゲームが面白いことを十分に理解したため購入しました。ネタバレという意識ではなく、最後まで面白いことが分かっているため安心して楽しめるようです。インタビューしたときには、だいたい全部をクリアしていて、「期待していた通りに面白かった」と話していました。

Case3
YouTubeでゲームクリアまで確認して購入する小学4年生の男の子

年齢	9歳
学年	小学4年生
家族構成	父・母・妹
よく利用する情報ツール	YouTube テレビ
最近の興味関心	Nintendo SwitchでゲームやYouTubeを見ること テレビCM、YouTube、友達のお薦めで新しいゲームを知る

	興味のきっかけ	購買計画	購入決定	購入後の心境
購入　ゲームA	【最近】**YouTubeと店頭で接触** ゲームAはYouTube CMとかゲーム屋さん、実況動画で見た	**YouTubeで実況動画を全部見た** YouTubeのゲーム実況動画でクリアまで全部見ているので、だいたいのクリア方法は分かっている 買う前にクリア方法が分かってもOK ゲームAの他に面白そうなソフトやゲームがあるか調べたくてGoogleを利用した		同じゲームで遊んでいる友達と共有 だいたい全部クリアした 友達は先に買っていてクリアしていて、どこまで進んだか友達と話した
非購入　ゲームB	【最近】Google検索 スマホで調べていて面白そうだと思った 「Switchソフト おすすめ」でGoogle検索した	**他のほしい物を優先して断念** 1万円の中でたくさん買った方が楽しいと思ったので、予算的な問題で購入を断念 いつももっとおもちゃがあったら楽しいと思っている		

（イラスト／ROROICHI）

YouTubeでクリアまでを確認することに「ネタバレ」という意識はなく、楽しむための〝前準備〟のような位置付けのようです。事前に確認することで楽しさが低下することはなく、「やっぱり最後まで楽しかった」と感じているようです。まるで事前にゲームをクリアしていく様子をシミュレーションして、ゲームを分析しながらプレーすることを楽しんでいるようです。

日本と世界のα世代の違い

これまでは、日本のα世代の特徴を読み解いてきました。では、世界的に見ると、日本のα世代にはどのような特徴があるのでしょうか。22年10月にアジアを中心として世界10カ国（米国・英国・中国・韓国・インド・インドネシア・フィリピン・タイ・ベトナム・シンガポール）の10～40歳（α世代・Z世代・ミレニアル世代）9000人（各国900人）に国際調査を行いました。そのうちα世代は、男女150人ずつの各国300人です。質問は、22年9月に国内で行った調査とほぼ同様の内容を使いました。（国により使用でき

普段自分の意志で使用できるデバイス数の平均（個）

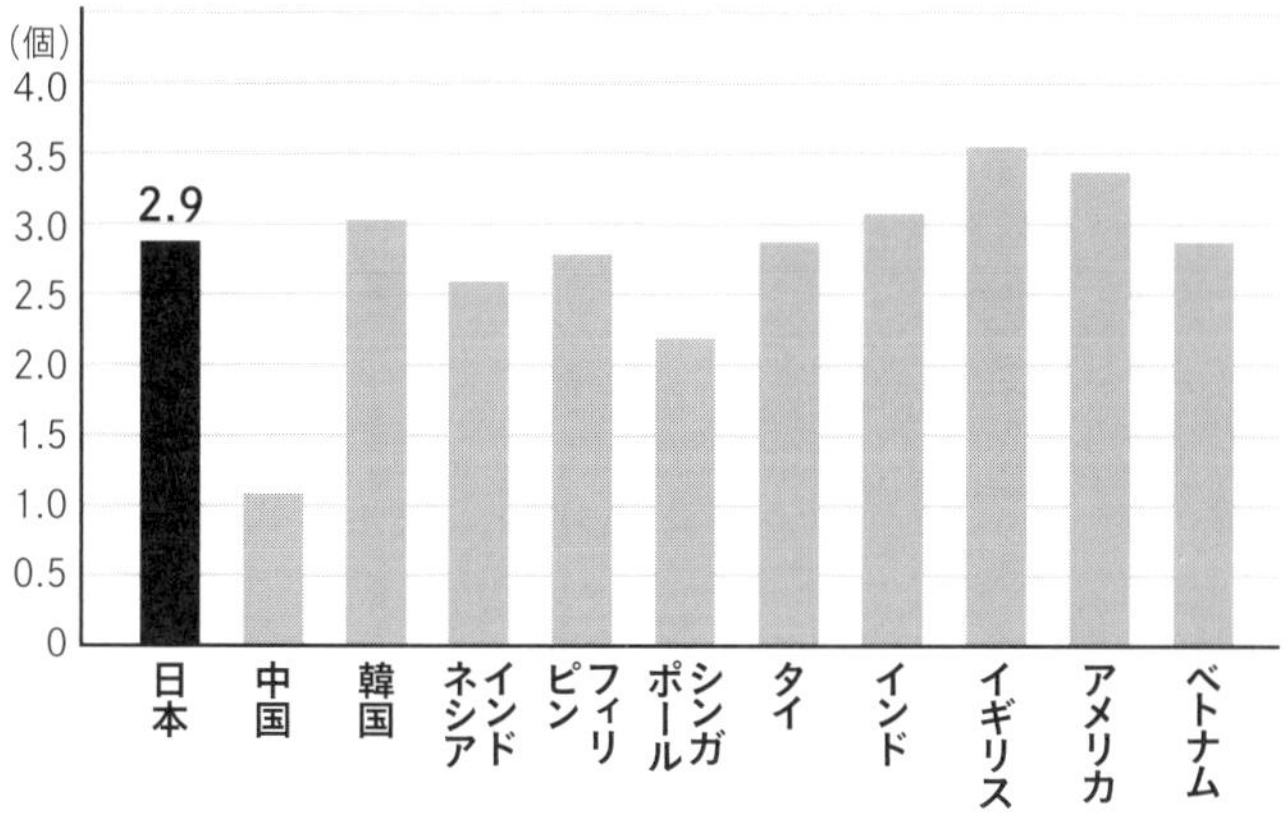

るアプリケーションなどが異なるため、適切な項目に修正し、回答可能年齢は、国の基準に準じました。）日本の対象者は、22年9月に国内で行った調査からランダムに900人を抽出し、日本を含めた世界11カ国で比較分析を行いました。

まず、普段自分の意志で使用できるデバイス数の平均値は、中国以外の国では差がなく、世界的にもα世代は、マルチデバイスを使用できる環境で生活していることが分かりました。

使用できるデバイスの種類は各国で差が

普段自分の意志で使用できるデバイス

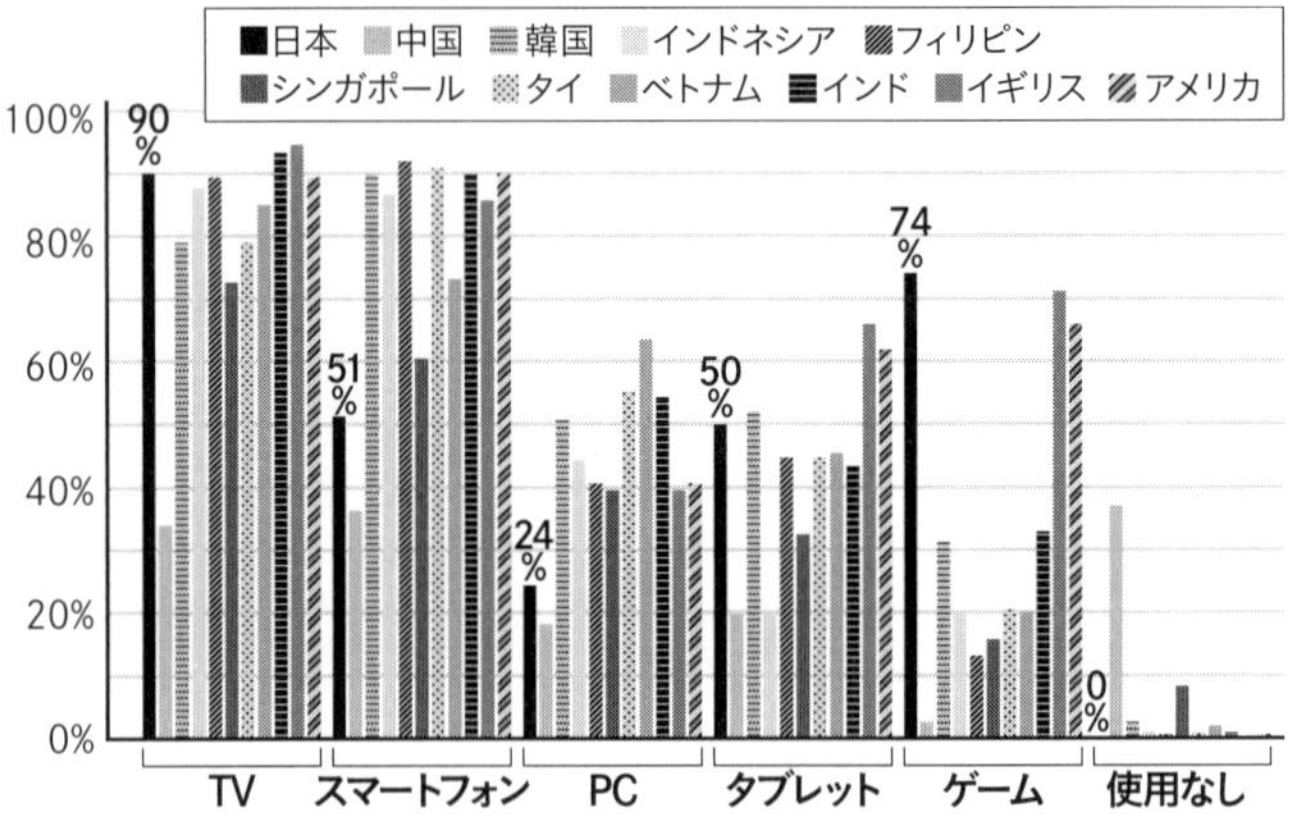

あり、日本のα世代は、スマートフォンとPCの使用率が他国に比べると低めですが、テレビとタブレットの使用率は他の多くの国と同等、ゲーム機は、米国・英国と同程度で、アジアの中では顕著に使用率が高い結果でした。

仮想空間を利用したオンラインゲーム（メタバースゲーム）の認知（知っている）、興味、経験については、他国との差がほとんどありませんでした。オンライン上の仮想空間を利用したゲームなどが「メタバース」を指す、ということへの理解は低いですが、理解よりも実際の経験のほうが上回っ

メタバースの認知・興味・経験・理解

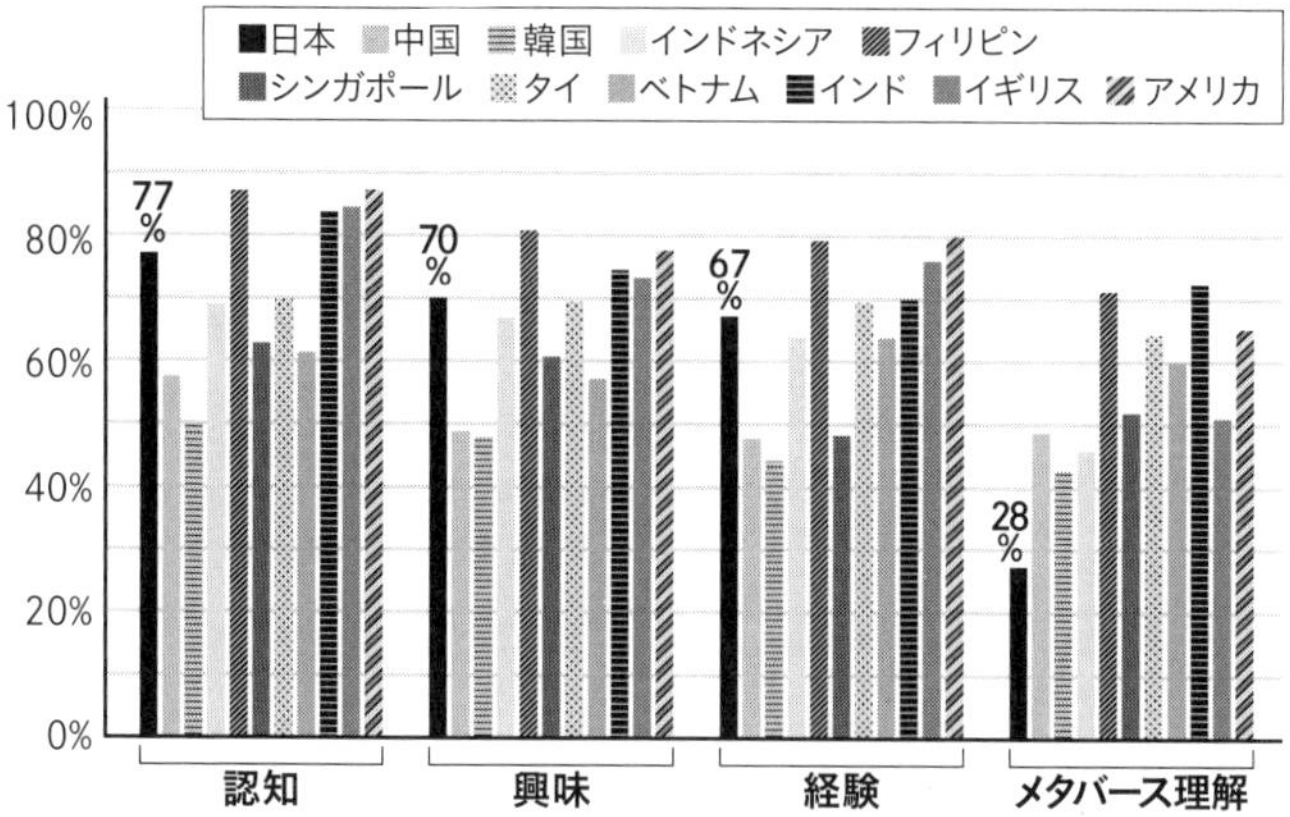

ていることから、α世代の生活の中でメタバースに触れる機会が増えていることがうかがえます。

　また、日本のα世代は、1日の学習時間を「1時間以上1時間30分未満」取る人の割合が少なく、1時間未満で済ませる人が大半。他国に比べて学習時間が短い傾向があります。特にアジアの中では最も勉強時間が短くなっています。コンテンツの使用時間を制限している家庭もありましたが、制限した時間が勉強に充てられているわけではなさそうです。この勉強時間は、ゲーム機の使用率が高い米国・英国に近しい構

1日の学習時間の平均

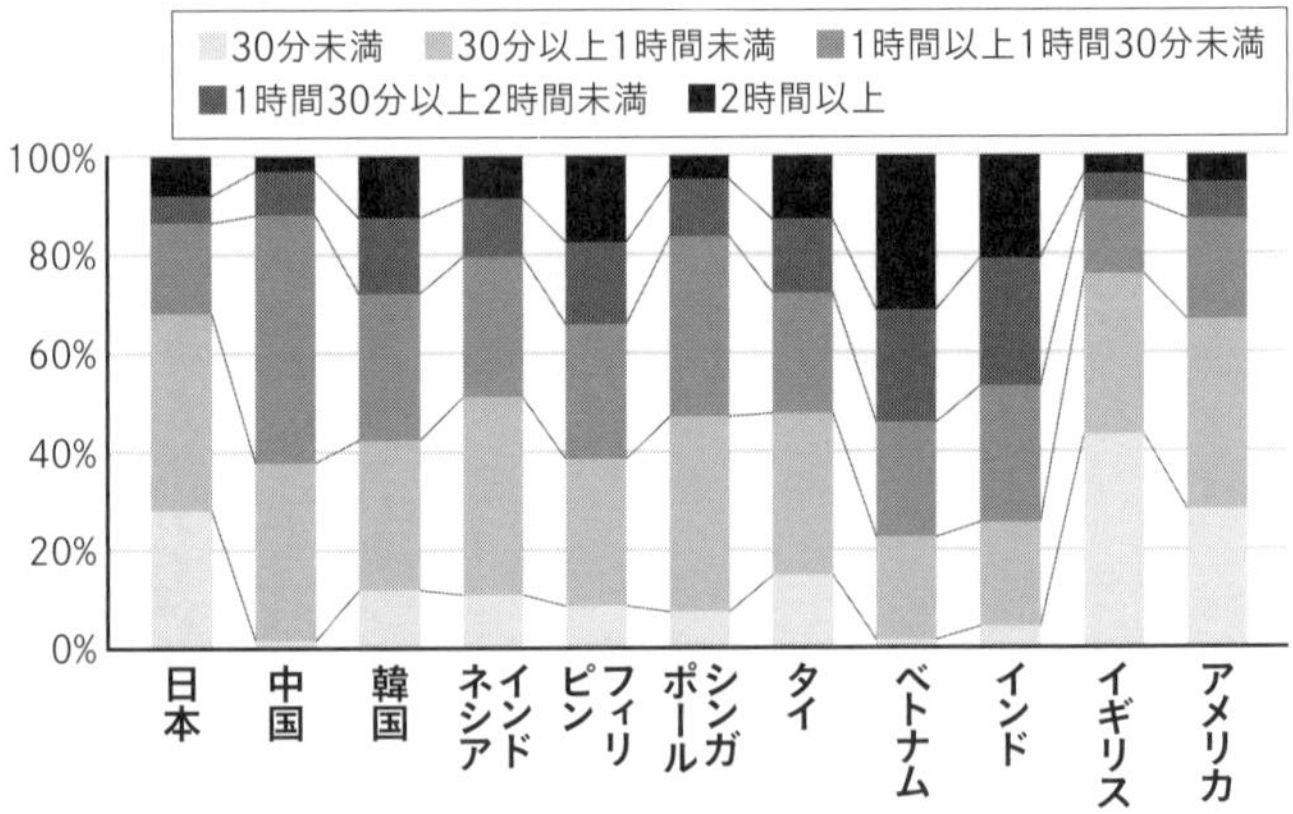

保護者の価値観

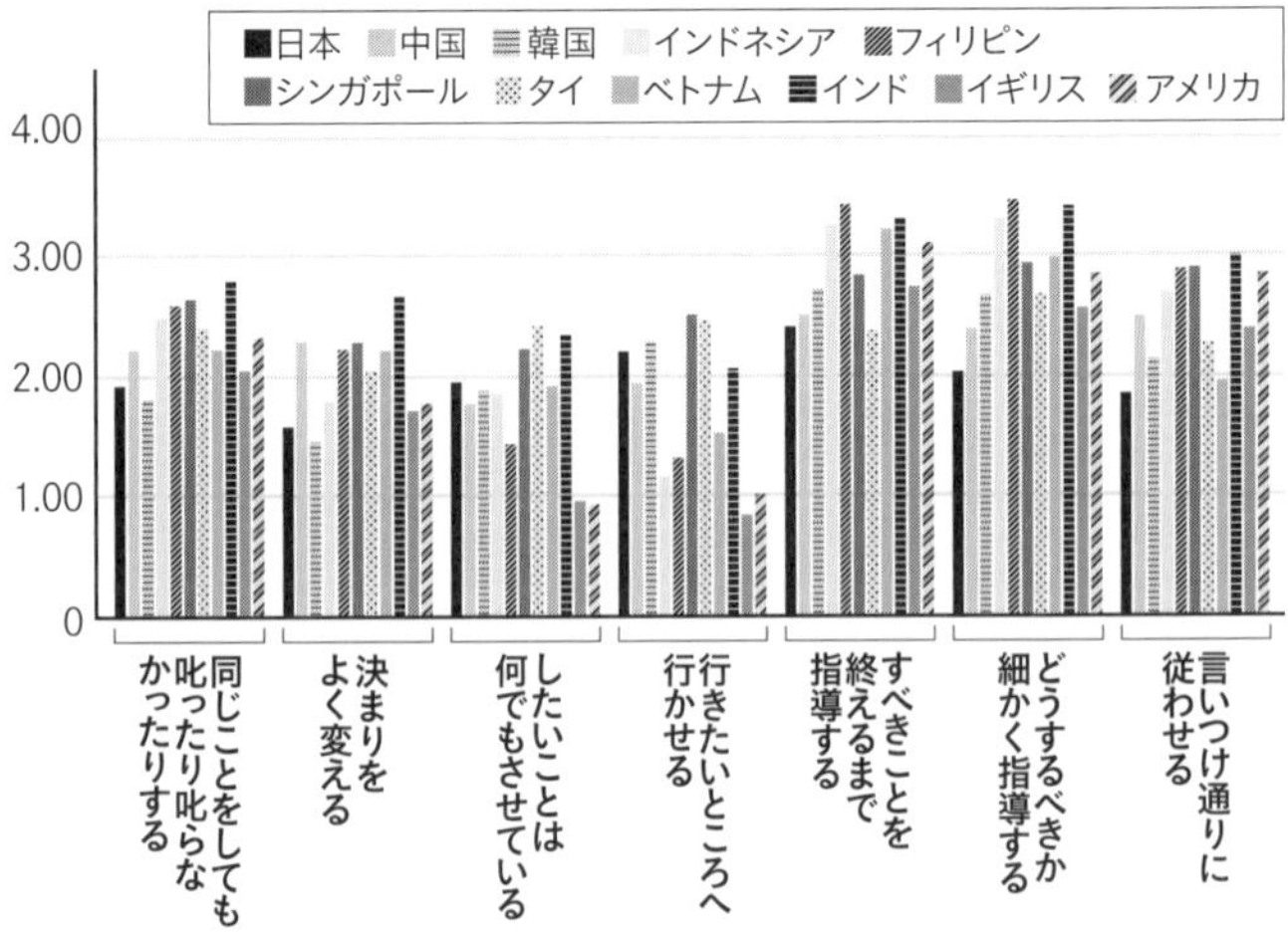

成比率になっています。従来通りの机に座っての学習ではなく、デバイスの使用実態に応じた学びの工夫が今後は求められるのかもしれません。最近では、教育系YouTubeのようなコンテンツを見ることで学習することも多いでしょう。学習の概念も変わっていくかもしれません。

最後に、保護者の価値観を見ます。日本のα世代の保護者は、指導に関して「すべきことを終えるまで指導する」「どうするべきか細かく指導する」意識が、他国に比べて低い傾向があります。そして決まり事に関する意識については、「同じことをしても叱ったり叱らなかったりする」「決まりをよく変える」ことも他国に比べて低い傾向にあり、子どもへの指導に寛容性があり、一貫性を持った指導を心掛けていることがうかがえる結果でした。日本のα世代は、家庭での約束事はありつつも、デバイスの使用状況などから個人の意志を尊重した生活環境であることが推察されます。

まとめ

調査を通して分かった、日本のα世代の特徴をまとめます。

●日常的にマルチデバイスを使い、好きなコンテンツを楽しむことが当たり前

世界的にもα世代の多くは、日常的にマルチデバイスが使える生活環境であることが分かりました。日本では、特にテレビ、タブレット、ゲーム機の使用率が高く、利用できるコンテンツもマルチ化され、どのデバイスでもお気に入りの無料動画を楽しんでいるようです。デバイスが使えることで、買い物の仕方も進化しています。ショッピングサイトでお気に入り登録などの保存機能を上手に使い、自分のほしい物をストックします。また、動画を視聴してほしい物の概要を確認しておくことで、「失敗しない」ことが分かってから購入を決定することも分かりました。α世代にとって、事前に概要を知っておくことはネタバレではなく、楽しむための前準備なのです。購入決定のモチベーションを高め、購入までのプロセスをより楽しむための儀式のようにも映ります。

●メタバースの「理解」よりも「経験」が上回る

デバイスの普及にともない、日常的にインターネットが利用できる環境であることがうかがえます。インタビュー調査の結果から、日本のα世代はゲームを通してメタバースに触れていることが分かりました。そして、ゲーム上で知らない人とマッチアップして一緒にプレーすることは当たり前のようです。トラブル防止の観点から、保護者は使用時間をはじめ、コンテンツの制限や知らない人との個人的な接触を制限したうえで、使用を許可しています。デバイス・コンテンツ環境の変化は、保護者の悩みの種にもなっています。今後自分の個人アカウントでメタバース環境の利用を開始し、ゲーム以外のサービスにも広がっていくであろうα世代の行動は、今後も調査していく必要がありそうです。

●好きなものは、オンライン上で保存・購入

自分で自由に決定できる買い物では、好きな物、ほしい物を購入します。それに加え、周りではやっている物であるかが、購買の基準になっていました。また、Z世代でも同じ傾向が見られましたが、動画サイトやSNSを見てほしくなった物も、購買の基準となる

ようです。このことから、オンライン上で潤沢な情報が得られないと購買の対象にならない可能性も示唆されます。また、友達や無料動画の情報からほしいと思った物をショッピングアプリやサイトで検索し、すぐに買うのではなく「保存」し、買ってもらえそうな機会が来ると「保存」したものから選択してそのままオンラインショッピングで「購入」するという、合理的な購買行動が既にα世代に定着しつつあります。

そしてα世代は、あいまいな検索でもレコメンド機能などの検索アルゴリズムによって、自分の思い描いている商品にたどり着けることも知っています。また、商品名やブランドを十分に覚えていなくてもほしい物にたどり着けるようになることで、商品名やブランドを頼りにしたマーケティングが、現在よりも機能しなくなる可能性もあります。買い物の仕方が大きく変わっていくことも想定しながら、マーケティング施策を考えることが重要になるのではないでしょうか。

対談
2

α世代の〝コモンセンス〟はZ世代とどう違う？ 調査から見える未来予想

第2章では、生活者理解に特化した研究を行う「インテージ 生活者研究センター」が実施したα世代に関する調査結果を見てきました。対談では、データやインタビュー結果から推察されるα世代の消費行動や価値観について、本編では語られなかったエピソードも交えて、実際に調査を行った研究員がに語ってもらいました。

デジタルネーティブだからこその危険性も？

小々馬敦（以下、小々馬）　調査結果を見ても、α世代がいかにデジタルと親和性が高い世代であるかが読み取れます。

大野貴広（以下、大野）　本編でも触れていますが、オンライン上でのα世代の購買行動はとても興味深かったですよね。ある女の子は商品名が分からないながら、友達から聞いたそのおもちゃに関する情報を打ち込んで検索して、目当ての物にたどり着いたと言います。キーワードから関連商品が出てきて、関連から似たような商品を見ていくとだんだん近い商品がリコメンドされていって――という一連の仕組みがどのようなものかを理解していないながら、誰から教えられたわけでもなく感覚的にやってのけるんです。

大野貴広

インテージクオリス リサーチ＆インサイト部リサーチプランナー／モデレーター
SP会社、BtoB調査会社を経て、2018年にインテージクオリス入社。グループR＆DセンターのZ世代・α世代研究分科会を通して、Z世代を中心とした社内の世代間比較研究を推進

大野　しかし真にデジタルネーティブで、オンライン上のコンテンツを自由に使いこなせるからこそ、利用の仕方に懸念を覚えて学校が制限を加える例も聞きます。ゲーム内で集まった知らない人とチームを組んでプレーすることは制限しようがないものの、ゲーム内の知らない人と連絡先を交換したり、ボイスチャットをしたりするのはやめましょうと、禁止する学校もあるようです。

小林春佳（以下、小林）　私は小学生の息子がいるのですが、息子の学校でも長期休み期間のお約束として、インターネット上でのトラブルを避けようというアナウンスは必ずされますね。

小林春佳
インテージ 生活者研究センター研究員
生体計測をメインとするマーケティングリサーチャー、コンサルタントを経て、2019年インテージ入社。新規事業開発やマーケティングの潮流課題の探索業務に従事

大野　α世代は生まれながらにデジタル環境にいるため、親和性はたしかに高い。しかしまだ幼いこともあってリテラシーが追い付かず、トラブルに巻き込まれるケースが見られます。

小林　α世代にインタビューしていると、そのＳＮＳアカウントが公式か非公式かは、まだあまり理解していない傾向があります。一方で、フォロワー数を見て信頼できる情報源かを判断する感覚はあるようです。

大野　ChatGPTが最も多くの人に使われているツールだと認識したら、ChatGPTの出力結果をうのみにしてしまう可能性もあるということなのでしょうか。

小々馬　恐らくα世代に限らず、今後ＡＩは、自分の好みや思考を一番よく知っているエージェント的な存在として使われていくのではないかと思います。情報はＡＩエージェントを通してやり取りされるようになります。オンライン上のコミュニケーションがＡＩ

を通して行われるようになると、企業は消費者にダイレクトに情報を届けることができなくなるので、マーケティングコミュニケーションが変わっていくと思いますね。

小林　ＡＩにしろ企業にしろ、信頼できる情報源だと認識されれば、情報源をそこに集約するようになるのではないかと思います。

小々馬　Ｚ世代は情報をいろいろなところで探しまくって、最適解が何かを考えますよね。一方でα世代は、答えを探すことに時間をかけることを非生産的だと感じます。そのため「ここに聞けば大体正しいじゃん」と思えるメディアやツール、機関を見つけて、その情報源を基に活動していきます。なので、物事の判断基準が形成されていく幼少期に、商品やサービスの使用とは異なる場面で接点をつくり、「この企業やブランドの情報は信頼できる」と思われるようになることは、将来のビジネスにつながる鍵になると思います。

Zに輪をかけて忙しいα世代　ネタバレをいとわないのはなぜか

小林　答えありきで考える合理主義に関連して、α世代はタイパ志向が本当に強いですよね。今の学校はアイデアを考えさせるような課題が多くて、そしてα世代は習い事もたくさんしているため、Z世代に輪を掛けて忙しそうです。タイパ志向からか、うちの息子はテレビをつけながらタブレットで映画を流してマリオカートをやっていたりします。

小々馬　情報量が爆発的に増えることで、やりたいことも増えるんですよね。一つのことに時間を独占されるとやりたいことの全部はできなくなるので、それが嫌なのでしょう。だから長いコンテンツを見たり倍速視聴ができないリアルタイム放送を見たりしない。

小林　あと、結末が分かった上でコンテンツを見ますよね。どういう展開と結末かを事前に知って、答え合わせ的に見るのなら、楽しんで2時間見られるようです。

大野　インタビュー調査をした男の子は、ゲームの実況動画を見てクリア方法を全て知った上で、ゲームのソフトを買ったと言っていました。ソフトを買って実際に自分でプレーしてみてどうだった？と聞くと、「実況者が言っていたやり方をまねるのが楽しかった」と言うんです。ストーリーを知らないことにわくわくするのではなく、まねるのが楽しいと。α世代にとってはネタバレではなく、一つの楽しみ方というか。

小林　Z世代は倍速で見る世代でしたが、α世代は結末が分かった上で見る傾向がありますね。最近は漫画などでも、連載が終わってからもずっとブームが続いていて、映画化すると大ヒットするという風潮がありますよね。展開も結末もみんな知っているけど、見られ続ける。

小々馬　Z世代は〝失敗したくない〟意識で事前に情報を調べたり、一つのコンテンツを見るのに時間をかけないようにしたりしますが、α世代の行動を見ていると、その意識ともまた異なりそうですね。

小林　ゲームの実況動画などを見て概要が分かった上で、「これだったらやりたい」となるのか、はたまた「やらなくてもいいや」となるのか、そこで判断が分かれるのも面白いです。

小々馬　お話しを聞いていると、オンラインゲームで自分を一歩引いた視点の全体から見ることに慣れていて、いわゆる〝メタ認知〟の力が関係していると感じます。α世代は、物事を少し引いた視点から捉えて損得を考えるなど、全体観や構造を見た上で判断するのに対して、Z世代は物事に没入する傾向があります。

この本の後半でも書いていますが、そうした世代に向けたマーケティングを考えるに当たって、マーケターにもメタ認知力が求められると考えています。私（企業）とあなた（顧客）の関係性で考えて寄り添いすぎることは、顧客への押し付けにもなりかねません。自社だけでなく他の企業との関係性や、その人の周りにいる人との関係性もあることを捉えた上で、全体としてプラスサムになるにはどうすればいいか考えるべきだと思います。

個性に悩むZ世代　個性アピール不要のα世代

小林　Z世代とα世代では、「多様性」の意味合いも異なると思います。Z世代にとっての多様性は、「受け入れなくてはいけない」のような義務感が少し含まれるのに対し、α世代は「自分と違って面白い」というように違いがあって当たり前、という意識があるのではないかなと。

小々馬　X世代、ミレニアル（Y）世代、Z世代、α世代、それぞれの世代でコモンセンス（常識・前提）に既になっていることと、反対にまだ浸透していないことがありますよね。Z世代にとってエコやサステナブルは既にコモンセンスになっていますが、多様性の概念はまだ〝意識が高いこと〟なのだと思います。だから「尊重しなくてはいけない」という意識がある。α世代は幼少期や生まれたときから「多様性」というワードが流布していたので、コモンセンスとして自然に受け入れているのですね。前の世代では〝意識が高い〟と見なされていたことが、次の世代では常識になっているということは、時代の流れにおいて普遍です。

Z世代は「みんな違ってみんないい」と小学校で教わった世代です。特にZ世代は「違うことを認め合おう」というニュアンスで教育を受けていると感じます。このニュアンスを受けることで、Z世代は個性＝人と違うところ、という意識が強く、就職活動などで「あなたの個性は？」と問われることに生きづらさを感じるようです。α世代はもしかしたら「個性」や「自分らしさ」を違う感覚で捉えていて、そうすると自分らしさの表現も変わりますよね。

小林　そう思います。α世代の話を聞いていると、「あの子は野球がうまい」「あの子はピアノができる」と、うらやましい、だから優れているなどという意識抜きに、事実ベースでその人のことを話すんです。違うことが当たり前なので競う感覚がなく、お互いに特徴として認識している感じです。

大野　Z世代は違うことを意識するばかりに、〝ざわつきたくない〟思いが強そうです。誰かの個性や好みについて触れたり話したりして、ざわつくことをとにかく嫌う。α世代はみんな違うことが普通だと捉えている分、平気でそれぞれ自分の好みを公に出しますよね。あと、α世代は違いを出すためにがんばってつくった個性ではなく、単純に自分が好きなことがあればそれでいいという感覚だと思います。そして別に好きなことがなければ、それはそれでいいと捉えている印象です。

第3章

Z世代とα世代の違い

Z世代は〝消費〟している感覚がない

この章では、Z世代とα世代の価値観や行動の違いと、その変化の流れを見ていきます。

私は既に還暦を超えた「新人類世代」と呼ばれる世代です。α世代とはなんと半世紀も歳が離れており、5世代もの世代の開きがあります。実際のところ、5世代を経た観点から、若い世代の価値観を正しく理解することはなかなか難しいことです。世代研究では、せっかく調査でいいインプットやデータを得られても、年齢の離れた分析者が自分の経験則や固定観念に従って判断してしまい、解釈を誤ってしまうことが起こります。これを認知バイアスと言います。

私たちの研究室はα世代を分析する際には、この認知バイアスを極力避けるために、年齢が近い1つ上のZ世代にも、自分たち世代との相違について分析してもらうようにしています。私や研究パートナー企業の分析にZ世代の分析を照らし合わせて、その解釈に違和感があれば教えてもらいます。さらに、そこから導出した解釈が合理的と思われるかどうかを、α世代の両親や小学校の先生にヒアリングして確認する手順を重ねて、α世代の特性についての理解を精緻化しています。

認知バイアスを排除することの重要性は、Z世代の調査研究の際に何度も経験しました。例えば、「エコ消費」の進捗について把握したいと大学生にアンケート調査を行うと、「エコな商品を選んで購買している」と回答する大学生は、全体の20％程度という結果でした。この数値結果を見て、マーケターは「Z世代にエコ消費はそれほど進んでいない」と解釈するのですが、当該世代の大学生たちは「その解釈は適切でしょうか？」と疑問を呈してくれました。実際その世代に身を置く大学生の解釈は全く違っていて、「エコな商品を選んで購買していますか？　と聞かれると、多くの学生はそこまではしていないと答えるのは自然だと思います。ですが、私も含めて私の周りには、エコでない商品を選ばないようにしている人はたくさんいます。なので『エコ消費は進捗していない』と決めつけないほうがよいと思います」と提言してくれました。

この提言をきっかけとして解釈を訂正し、「若い世代はエコな商品をわざわざ探して購買することまではしていないが、エコでない商品は選択肢から外れやすい。また、その商品がエコでないと認識されると、継続利用をやめてしまうかもしれない」と、企業のマーケティングにとって深刻な状況に気付くことができました。

実はこの際に、さらに「なるほど！」と触発された大学生の反応がありました。一つが、「私たちは〝消費しないことがエコ〟だと考えていて、〝エコ消費〟という言葉には違和感を覚えます」という反応。もう一つは、「マーケターは、すぐに〝○○消費〟と名付けますが、そもそも私たちは無駄遣いが嫌いなので〝消費〟をしている感覚はなく、〝購買〟だと認識しています」という反応です。エコ消費と同様に「エシカル消費」というワードにも同様の感覚を覚えるそうで、「倫理的に正しく消費する」という文脈は、意味が分からないという感覚があるそうです。

私たち上の世代のマーケターは、彼ら彼女たちを消費者（消費する人）として見て、購買行動を消費行動と同意に捉えます。しかし、〝消費〟への意識が異なる世代にその概念を当てはめると、適切なインサイトを得ることができないかもしれません。当事者世代としっかりと対話することが必要だと考えます。

この後、Z世代の観点から捉えたα世代の特性について報告しますが、その前に、世代の行動特性に関するよくある2つの質問にお答えします。

「世代論」に関するよくある質問

【質問1】
行動特性は、世代の特徴なのか時代の特徴なのか

企業の方に、Z世代やα世代の特徴についてお話しすると、「その行動特性は世代の特徴なのか、時代の特徴なのか？」と質問を受けることが多くあります。

世代の特性は人格が形成される過程から理解する

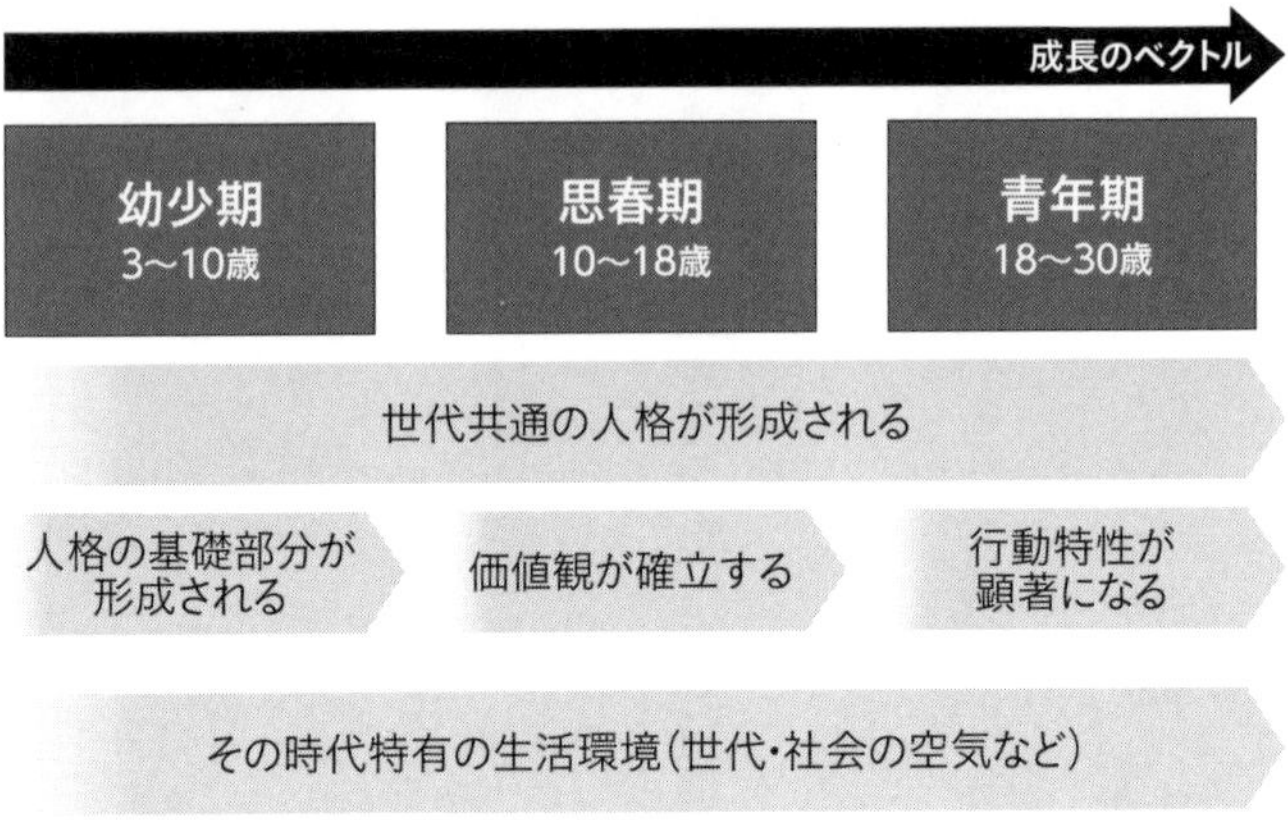

世代特性を理解するには、幼少期から青年期までの各フェーズでどのような社会的背景が見られるかを捉える必要がある

この質問には「それぞれの時代の生活環境の同質性が、同じ時代に育つ世代の価値観と行動の同一性に影響を与えている」と前提をお話しします。その上で、だからこそ、その世代がどのような生活環境の中で人格を形成していったのか、その過程を理解する必要があると説明します。

人格とは、心理面での特性のことで、人格の基礎部分は3〜10歳の幼少期に形成されます。思春期の10〜18歳くらいには、周囲の影響を受けながら価値観（ものごとの捉え方）が確立され、青年期を迎える18歳以降に、その世代共通の行動特性が顕著になっていくとされています。

私たちが、X、Y、Z、αそれぞれの世代を理解する際には、この考え方にのっとって、幼少期、思春期、青年期それぞれのフェーズで、どのように世代共通の特性が形成されていくのかを見ていきます。世代の成長とその時代特有の世相、社会の空気を含めた生活環境との関連性を考察することで、世代の特性を捉えることができます。

α世代の多くは現在、親のもとで人格の基礎部分を形成している幼少期にありますが、今後、価値観を確立していく思春期を迎えます。彼ら彼女らを取り巻く世相や生活環境については、第1章の年表を参照してみてください。これから私たちは、親から自立していく過程で、どのような価値観と行動の成長が見られるのか観察調査を続けていき、α世代の特性に変化が起こらないか追跡していこうと考えています。

【質問2】

世代特性が変化することはあるのか

もう一つ、よくある質問があります。「今大学生の人たちが、就職して経済的に自立した後に、価値観や行動が変わることはないですか」という質問です。つまり、世代の行動特性は変わらないのかというものです。

私がゼミの卒業生を見ている限りでは、社会人になった後に価値観や行動特性が大きく変わることはありません。もちろん、学生時代よりも可処分所得が向上していますので、「もう学生時代のように食べ放題には行かない。おいしいものを少し食べるほうがいい」というような意識変化はありますが、無駄遣いをしたくない倹約志向は変わらないように感じます。

「バブル世代」と呼ばれる世代に見られる、50歳を超えてもブランドを好み、衝動的に購買する傾向は、おおよそそのままであると考えられますし、10～20代に形成された基本的な人格、価値観や行動特性は、歳を重ねていっても大きく変わることはないと前提してよいでしょう。ただ、個人の価値観や行動パターンは、結婚や育児や働く環境の変化を契機として生活コミュニティーが変化し、周囲の影響を受けることで変わることはままあります。

私自身も、10年前に外資のコンサルタント企業の経営者から転身し大学に入職した際には、生活環境が一変しました。それまで関わることのなかった大学生に囲まれて日々を過ごすようになり、見えてくること、聞こえてくることが変わりました。当初は、大学生がやたらと言葉を省略することや、発表の際にスマホを片手にプレゼンテーションをすること、待ち合わせ場所や時間を曖昧《あいまい》にしか決めないことなどなど、行動と価値観のギャップに戸惑う毎日でした。しかし数カ月一緒に過ごすと「なるほど、ものごとをそういうふうに考えているからこのような行動をするのだ」「そういう思考になるのは、このような生活環境で育っているからなのだ」と行動の背景にある価値観、生活環境について理解できるようになり、徐々に自分の価値観との違いを寛容できるようになっていきました。

例えば、待ち合わせを曖昧にしか決めないのは、おおまかな時間と場所だけ決めて、あとは当日スマホで連絡し合えば大丈夫ということだけでなく、待ち合わせ相手にプレッシャーを与えたくないということこの世代ならではの「相手を思いやる」気持ちが含まれていることを知りました。そしてほどなく「これからの時代は、こういう考え方のほうが合理的でありかも」と共感できるようになり、「この子たちが新しい社会のスタンダードをつくっていくのを応援していこう」という気持ちが湧いてきました。

私はどの時代においても、上の世代よりも若い世代の価値観のほうが当世に適合していて社会を進歩させるのではないかと思います。特にZ世代、α世代は「社会的に良いこと、ソーシャルグッドであること」を判断基準の基本として持っているので、上の世代が難色を示す隙がないように感じます。上の世代が若い世代の思いを寛容して、自身の価値観をアップデートしていくことは、社会が健全に持続成長していく鍵になると考えます。若い世代の価値観が次世代の社会に影響を与える傾向は、年齢差や性差のない社会が志向される中で、より強くなっていくことでしょう。

Z世代はヒューマン志向　α世代はヒューマニティー志向

前置きが長くなってしまいました。ここからは、Z世代の観点から捉えた、Z世代とα世代の特性の違いについて、実際に行った研究プロジェクトを基に報告します。

第1章で報告した『ミライ・スケッチ2030』プロジェクトについて改めて紹介します。この活動は、Z世代の大学生とα世代の小学生が一緒に未来の暮らし方を絵に描くプロジェクトです。2つの世代が未来を想像する時間を共有し、互いの価値観の相違に気付くとともに、自分たちの世代が実現したい未来社会の姿を企業の方々にビジュアルで報告することで、企業の未来創造活動に役立てることを目的として実施しました。

α世代の代表として、授業の7割を英語で実施する英語イマージョン教育プログラムを行うぐんま国際アカデミー初等部6年生のみなさんが参加し、Z世代の代表として小々馬ゼミの大学生が加わります。プロジェクトは、22年の夏から秋にかけての約3カ月間で、

3つのステップに分けて進行しました。

DAY1は、2030年代の未来を開発している企業のR&D部門の方々に参加いただき、企業が現在進行形で描いている未来社会のビジョンを紹介してもらいました。パナソニックEW社のくらし・空間コンセプト研究所、日本テレビの日テレR&Dラボ、インテージのR&Dセンター（以上、各社当時の部署名）のみなさんから、未来の暮らし、未来のメディア、未来のショッピングに関する展望についてお話しいただきました。

この日、大学生が実感したことは、小学生のテクノロジーリテラシーの高さです。企業が説明する未来ビジョンは、大学生でも理解が容易でないAIやロボティクスを社会実装する話が多かったのですが、小学生たちは新しいテクノロジーの話をとても自然に受け取って理解していたというのです。このテックリテラシーの高さには、企業の方々も驚いていました。

ＤＡＹ2は、実際に未来の暮らしをスケッチします。小学生が下書きしてきた「２０３０年の理想の家と暮らし方」のアイデアを起点として、大学生と話し合いながら具体的に家の中をスケッチしていきます。

この日は、小学生の想像力と想像したアイデアを具体的に描き出す解像度の高さ、創造力に驚かされます。この特性の背景には、日ごろから「あつ森（あつまれどうぶつの森）」や「マインクラフト」などのオンラインゲーム上に、自分の理想の場所や世界をつくり出すことに慣れていることがあると考えられます。また、実社会での問題発見と問題解決のための創造的な発想を伸ばす教育（ＳＴＥＡＭ教育）が小学校で始まっていることも、α世代の高い創造力につながっていると実感しました。

ＤＡＹ3は、いよいよプレゼンテーションです。ＪＭＡ（日本マーケティング協会）の後援で19年から実施している「ミライ・マーケティング研究会」で、「次世代を担うα世代の衝撃」をテーマにスペシャルフォーラムを開催。『ミライ・スケッチ２０３０』のプレゼンテーションセッションを設けました。セッションでは、小学生が描いたスケッチをイラストに起こしてプレゼンテーションを行い、60社以上の企業の方々に２０３０年代の理想の暮らし方を報告しました。また、大学生と小学生が協働を通して感じたことを発表するパートでは、Ｚ世代とα世代の考え方の相違について明らかにしました。

では、α世代はどのような未来の家を描いたのでしょうか。

小学生が理想とする未来の家と暮らしの起点には、防災がありました。プレゼンテーションは、地震や津波などの自然災害時に家が浮遊する機能の説明から始まります。自然災害にしっかりと備えることが幸せな暮らしの前提にあり、その実現のために、ＡＩやロボットなどのテクノロジーを家の隅々にまで活用しています。今の小学生に震災の体験記憶はありませんが、授業や家族からの防災教育で防災意識がしっかりと養われています。安全安心の確保が幸せな暮らしの前提にあることが分かりました。

α世代がスケッチした「2030年代の理想の家」

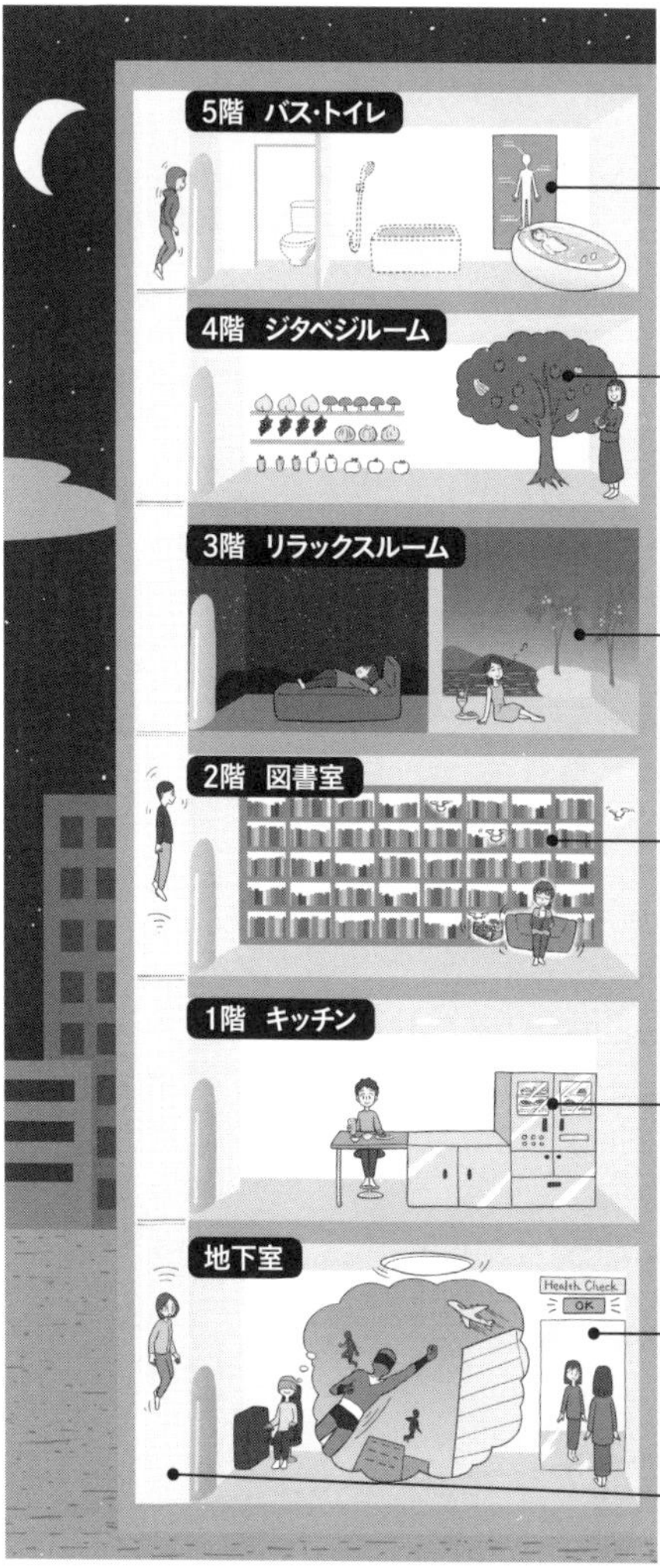
お風呂に入るだけで紫外線対策が完了しお肌ケアができる
野菜や果物を育てる部屋。その日に必要な野菜や果物は自給自足する
世界中の行きたい場所の風景がリアルタイムで壁に映り、空調で天候や気温が現地と同調する
好きなときに、好きな本を借りて読める昔ながらの図書館をイメージしたバーチャルな図書室。本を選ぶドローン、読書ソファが自由に浮遊する
温冷蔵庫を設置。フード3Dプリンターで自動調理できる
ドアミラーで健康状態を自動でチェックできる。バーチャルルームでは好きなときに仮想空間に入りエンタメやゲームを楽しめる
無重力エレベーターで階間を移動できる

イラスト／じゅーぱち

Z世代が感じた、自分たち世代とα世代の違い

Z世代	α世代
共通：社会課題に敏感	
貢献志向が強い 社会の役に立ちたい ・AIには不安があり、ロボティクスで生活が便利になることには懐疑的 ・リアルとバーチャル空間を区別している **・ヒューマン志向** ロボットと対話することには違和感があり顔の見える人からの情報を信頼したい	**成果志向が強い** しっかりと答えを出したい ・AIやロボティクスは課題解決のために自分が使いこなせるツールだと認識している ・リアルとバーチャル空間の境目を意識しない **・ヒューマニテイー志向** 人間味を感じられれば、相手がロボットでも対話できる

また、家族の健康を管理する機能、自分のやりたいことをやりたいときに実現するための機能、地球環境に負荷なく快適に過ごせる機能にあふれる家での暮らしぶりが描かれています。

Z世代が感じた自分たち世代との違いは、α世代の「しっかりと答えを出したい」という思いの強さです。社会課題に敏感であることは両世代で共通ながら、Z世代は「社会の役に立ちたいという貢献志向が強い」のに比べて、α世代はもっと具体的に「貢献するためにはどのような手段で問題を解決できるのかと、しっかりと答えを出したい成果志向が強い」と感じたと言います。その他にも、様々な違いを大学生は実感したと言います。

1つ目は、テクノロジーに対する意識の違いです。第1章でも記述しましたが、Z世代は様々なテクノロジーが社会に浸透していく過渡期に育ち、その中で失敗や怖い思いをした経験があります。そのため、実は新しいテクノロジーには不安感があり、生活を便利にするために、今以上にAIやロボットを使うことに懐疑的です。一方でα世代は生まれたときからテクノロジーが普及していたため、それらの操作を自然に体得でき、自分たちが使いこなせる便利なツールとして認識しています。

2つ目は、リアル空間とバーチャル空間への意識の違いです。Z世代は、バーチャル空間での体験は現実ではない出来事だと捉えます。しかし、ゲームなどのオンラインでリアル空間での友達とコミュニケーションすることが日常になっているα世代は、リアル空間とバーチャル空間が意識の中で融合していて、どちらの空間も自分が生活している世界だと捉えているのです。α世代が描いた未来の家を見ると、好きな時に仮想空間に入ってエンタメやゲームを楽しめる、バーチャルルームが用意されています。生活の一部にバーチャル空間が存在し、リアル空間とバーチャル空間を行き来することが自然なことなのだとうかがえます。

そして3つ目に、特に興味深かった違いがあります。Z世代は〝ヒューマン志向〟を持つのに対し、α世代は〝ヒューマニティー志向〟を持つということです。

Z世代は、AIやロボットと対話することには違和感があり、顔の見える人から情報を得たいと思っています。信頼できるのは生身の人間であるという〝ヒューマン志向〟です。対してα世代は、オンラインゲームの中などでアバターと対話することは日常です。リアル世界での友人がゲーム上ではアバターとして表れるため、顔が見えない相手とリアル世界の延長の会話をすることは自然なことなのです。対面しているのは機械ですが、その機械設定の背景に人間がいるのだと受け入れており、そのため人間味を感じることができれば、話し相手はＡＩやロボットでも違和感を持ちません。いわば〝ヒューマニティー志向〟が強いのです。

この対比は、後述するこれからのインフルエンサーマーケティングの変容を考えるきっかけとなる、貴重なインサイトになりました。ヒューマン志向からヒューマニティー志向への進化は、α世代だけでなく、広い世代に起こり始めているのではないでしょうか。

最近、ＡＩを活用するチャットボット（自動会話プログラム）によるＷｅｂサービスが増えています。私も「ロボットと会話なんて」と考えていましたが、コールセンターや顧客サービスのスタッフと電話で話すことが面倒に感じることもあり、チャットボットとのやり取りのほうが待たされないし、互いに気遣い無用でコミュニケーションストレスもなく、快適だと感じるようになりました。

「失敗しない」ための情報探索行動に違い

「膨大な情報量に惑わされて選択を失敗したくない」。Z世代、α世代と話しているとよく感じる意識です。実は、購買意識調査を行うとX・Y（ミレニアル）世代からも同様の意識があることを確認しており、上の世代も共通で抱いている感覚であることが分かります。

しかしながら、「膨大な情報量」の「膨大」がどの程度であるかは、上の世代とZ世代以降とでは大きく差異があると考えます。Z世代以降は、いわゆる「情報爆発時代」に育っているからです。

「情報爆発」とは、家庭用パソコンや携帯電話などのデジタルデバイスが急速に普及し、個人が当たり前にインターネットにアクセスできるようになった、2000年代に起きたデータ流通量の爆発的な増加を指します。その増加規模を図で示すと、00年を境としてデータ流通量が激増したことが分かります。

世界的なデータ流通量の推移

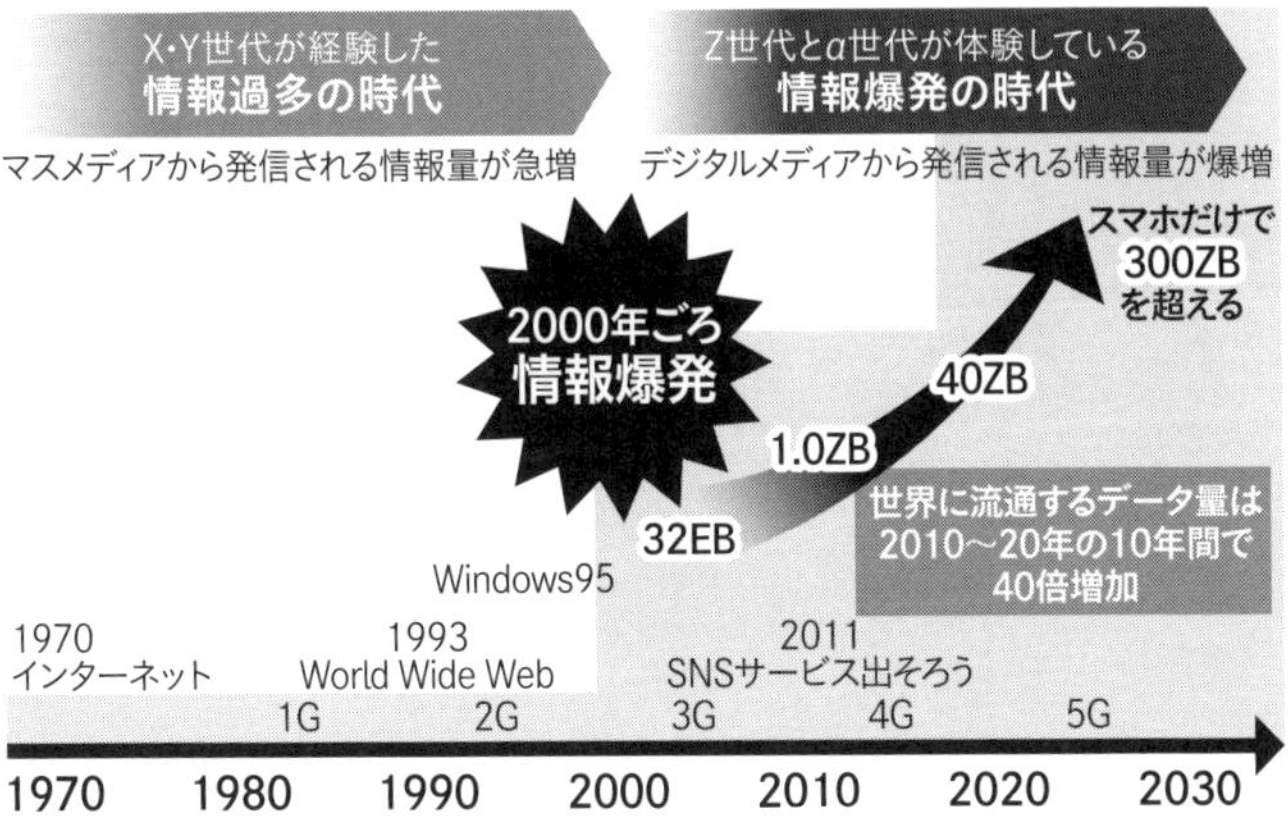

（出典／総務省「ICTことづくり検討会議」報告書、および、「Ericsson Mobility Report 2022」を参照し作成）

03年の1年間に世界に流通したデータの総量は32ＥＢ（エクサバイト）で、人類が誕生して以来２０００年の間に流通した、全てのデータ総量12ＥＢから倍以上増加しています。Instagram、Twitter（現X）、YouTube、LINEが出そろった11年には、１・０ＺＢ（ゼタバイト）と単位が変わるけた違いの規模で、03年からさらに30倍以上増加しました。このタイミングでZ世代の多くは自分のスマホを手に入れて、ＳＮＳデビューしています。データ流通量は、その後も爆増し続けており、20年には40ＺＢと、11年当時の30倍に拡大しました。

ちなみに、１ＺＢが世界中の砂浜の砂の数

といわれているので、その59倍、もはや総量イメージが湧かないほどのデータ量です。

スウェーデンの通信機器メーカー、エリクソンが22年に公表した「Ericsson Mobility Report」によると、今後もモバイル端末経由でのデータ流通量が大幅に増加を続けていくことで、30年にはスマートフォン経由のデータだけでも300ZBを超える流通量になると予測しています。

X・Y世代が1980~90年代に経験した情報過多の時代は、テレビ放送を中心としたマスメディアから発信される情報量が急増した時代ですが、Z・α世代は、複数のメディアそれぞれから膨大な情報を受け取り続ける、情報爆発の時代です。もちろん上の世代も、現代の情報爆発時代の中に生活しているのですが、意識している情報の量と質、見えている景色が、何をするにもスマホとSNSからという日々を過ごしている若い世代とでは異なるかもしれません。

そしてZ世代とα世代では、情報爆発時代に選択を失敗しないための行動アプローチに違いが見られます。Z世代は、自分が納得できるまでSNSで情報を調べるのに対して、α世代は、何が正解なのかをすぐに知りたいと考え、情報を調べることに手間と時間をかけたがりません。

Z世代の「失敗したくない」意識は、彼ら彼女らに特有の慎重な購買行動に影響しています。失敗したくないのは、「周りの人に失敗したと見られたくない」という他者承認欲求が根底にあると思うと、ある学生は言っていました。では、Z世代は失敗しないために、どのような行動を取るのでしょうか。

例えば、化粧品を購入する際には、その商品が本当に自分に合っているか不安で、美容系のインフルエンサーのYouTube動画を見て、商品の効能だけでなく自然光の下で肌の色味はどうなのかなど、自分が使った時の使用感をイメージできる情報を確認します。失敗しないという安心を得るには「自分に合っていること」を確信したいので、フォロワー数の多い人よりも、自分と背格好や肌感が近いインフルエンサーを探します。さらに、そもそもそのインフルエンサーを信頼して大丈夫かを確認するため、その人のInstagramで暮らしぶりを確認し、X（旧Twitter）での発言を読むなどしてSNSで情報を調べます。

このように、気になる商品を見つけても、その場で衝動買いすることは滅多にありません。「自分に合っていて大丈夫」と確信を得られるまで情報を得ようとします。「気になった商品を衝動買いした」と聞くこともありますが、よくよく聞いてみると「SNSで調べた上で自分に合っていることが分かったので買った」というのが事実で、Z世代が言う「衝動買い」は上の世代がイメージする「衝動的に即買いした」とは異なる意味の場合があります。また、情報を調べまくる前段階として、いいなと思う商品やサービスの情報に出合った際に、一旦写真を撮ったりSNSの保存機能で保存したりして、スマホの中に「かわいいもの」というように後で見つけやすいようにラベル付けをして画像を保存する行動も見られます。後で思い出して、画像を見た時にもう一度ときめいたら、購買のための情報収集プロセスに進みます。

この行動を観察していると、スマホはZ世代にとって〝自分の外部メモリー〟なのだと感じます。スマホ上に現れる膨大な情報量をいちいち自分の記憶容量で処理することはストレスなので、スマホを外部メモリーとして利用することで、情報爆発に合理的に対応しているのです。スマホをひとときも手放せないのは、スマホが身体の拡張部分、ワーキングメモリー（記憶処理力）の役割を担っているからでしょう。

では、α世代は「膨大な情報に惑わされず失敗しない」ために、どのように行動するのでしょうか。α世代は、すぐに答えを求める傾向が強くあると前述しました。AIから情報を得ることを自然だと感じているα世代は、Z世代のように、あれこれ調べて自分で判断することに時間をかけるよりも、信頼できるソースが示すものを〝正しい答え〟として受け取れば事が済むと考えます。失敗しないために、そもそも情報源を絞るのです。

そして、彼ら彼女らにとっての〝正しい答え〟とは、「みんなが正しいと思うこと」です。旧来のようにそれぞれの価値観やイデオロギーを持ち出して意見をぶつけ合うと、時間ばかりがかかって結論や落としどころを見いだしにくくなります。そのため「みんなにとってよいこと」を共有し、その答えを実現させるための活動に時間をかけるのが、α世代です。

このように、α世代は社会によい影響をもたらすアクションをしたいという、ソーシャルグッドな感覚を持っています。フィリップ・コトラーは10年に『コトラーのマーケティング3・0 ソーシャル・メディア時代の新法則』の中で、SNSが発展する社会においてマーケティングが目指すべきことを「世界をより良い場所にすること;A Better World」と説明しています。これはまさに、α世代の感覚と合致しています。みんなにベターなことは、「中庸」と言い換えられます。AIは世の中に現れる声の中庸を整理することが得意そうなので、適切に利用すれば「みんながよりよいと思うこと」を発見するサポートになりそうです。

これからの時代は、SNSをはじめとした情報ネットワークの体系が、旧来の中央集権型から自律分散型に進化していきます。この進化の流れについては後ほど第4章でも触れますが、Web1・0（インターネットが普及し始めた時代のネットの形）の時代には、GAFA（Google、Apple、Facebook／現メタ、Amazon。米国のIT大手4社）に代表されるIT関連のオーナー企業がネットワークの中心にあり、生活者に一方向的に情報を発信していました。時代が進んでWeb2・0になると、生活者と企業の双方向的な情報交換が可能になります。生活者もブログや動画などを作成するようになることでコンテンツの分散化が進み、SNS上にコミュニティーが生まれていきました。

そしてこれから、Web3・0の時代には、分散型技術やブロックチェーンが進化することで、コミュニティーの参加者同士が情報の信頼性を保証することや、取引の透明性を向上させる取り組みが出現していくといわれています。そうすることで、ネット上には信頼性の高いコミュニティーがテーマやカテゴリーごとに形成されていくと考えられます。そうなると、インフルエンサーを起用してPRを依頼する企業のマーケティングも、情報の信頼が担保されたコミュニティーをつくる手法に変化していくのではないでしょうか。

アカウント＝コミュニティー　使い分けで自己表現も変化

Ｚ世代とα世代には「失敗したくない」という共通の志向があること、しかし失敗を避けるためのアプローチには違いが見えることをお伝えしました。ここからは、Ｚ世代からα世代へ世代が移り変わる流れの中で、２０３０年代に向かって起こり得る、マーケティングの大きな転換について洞察します。

私は、マーケティングの転換を洞察する鍵は、人々がつながる様態（＝コミュニティーの形）と、自分らしさの表現（＝アイデンティティーの実感）がどのように変容していきそうかを捉えることだと考えています。２０３０年代に向かって起こり得る転換を考える上でも、この２つを網羅して見ていきます。

私たちが暮らす社会は、既にリアルとバーチャルの境目が曖昧になっています。コミュニティーの多次元化は、ＡＩやＩＣＴの進化によって、ますます加速することでしょう。マーケターには、生活者がリアルとバーチャルをストレスなく往来できる体験をデザインすることが求められます。そして実際、マーケターはCX（顧客体験）をデザインできるのですが、そのアプローチ方法がマーケター都合のものになってしまっており、ここに課題があると感じています。

現状マーケターは、自社Webサイトなどを指すオウンドメディア・広告などを指すペイドメディア・広報とUGC（ユーザー生成コンテンツ）などを指すアーンドメディアの情報を組み合わせて、消費者との接点を持とうとする傾向があります。この3媒体を用いるトリプルメディアの枠組みは、本来広告主がメディア予算を配分する際に使われる観点で、生活者にとっては自分たちに関係のない企業側の戦略に過ぎません。企業にとっては高い効果を得られるものかもしれませんが、生活者の観点からすると、自分を狙った情報に追いかけられ、押し付けられている感覚を覚えるなど、心地のいい体験にはなっていないかもしれません。この状態が、Z・α世代が社会の中核を担う2030年代にはどのように変化するでしょうか。彼ら彼女らはSNSを中心としてオンライン社会におけるストレスに敏感なので、メディアをメインのコミュニケーション媒体にするのではなく、生活者がのコミュニティーを起点としたCXが再考されると予想します。

2010年代に進んだSNSの発展により、誰もがインターネットを介して世界中の人とつながれるようになりました。XやLINEなどの主要SNSの利用者数は、あっという間に数億~数十億人規模へと拡張し、数億単位のフォロワーを有するインフルエンサーが登場します。こう見ると、コミュニティーのスケールは拡大しマスメディア化している印象を受けますが、私の身近にいるZ世代を見てみるとリアル（フィジカルな）な交友範囲は狭くなっていて、それぞれのコミュニティーも小さくなっていると感じます。

SNSはソーシャル・ネットワーキング・サービス（Social Networking Service）の略称ですが、海外では一般的に「ソーシャルメディア」と呼びます。日本国内では「ソーシャルネットワーク」と称して、インターネット上のコミュニティーサイトを指すことが多く、これは、マーケティングにおけるSNSの捉え方が、メディアではなくコミュニティー寄りであることを反映しているように思います。

SNSとコミュニティーの関係について、私的な経験から話を進めます。私は13年に大学に入職しました。入職してまず驚いたのは、女子大学生たちが自分たちを「ウチら」と呼ぶことでした。この言語習慣は当時、女子高校生を中心に始まったらしいのですが、その後瞬く間に上の20代以上の世代にも広がっていったことを覚えています。「ウチら」には、気が合う友人や一緒に行動する仲間という意味合いが含まれますが、「私たち」と違って、何かの内側と外側を区別したい意識を感じ、その背景に何があるのか興味が湧きました。

13年は、LINEやInstagramなどが若い人の生活に身近になるタイミングだったので、SNSの普及と何かしら関連があるのではないかと考えました。スマホの画面に他人の様子が次々と現れる環境になったことで、目に入るあふれんばかりのビジュアル情報を、自分が共感できる世界観とそうでもないものとに無意識に識別するようになります。このように、共感する気持ちを持てるか否かを内と外で区別する感覚が「ウチら」という言葉に

Z世代のSNSアカウントの使い分け

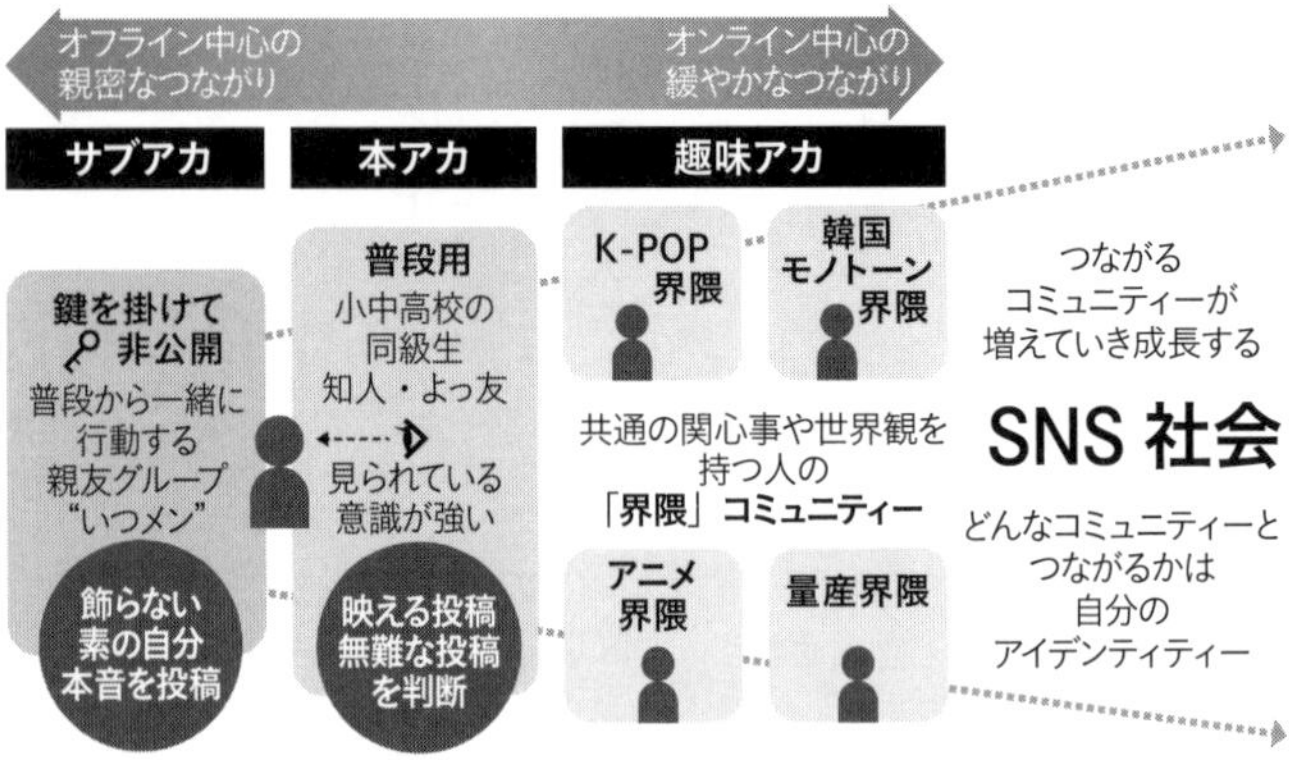

Z世代は複数のSNSアカウントを持つことで自らが属するコミュニティーを拡張している。また、どんなコミュニティーとつながるかは、自分のアイデンティティーの表明でもある

表れているのではないかと察しました。この私見をゼミの学生に聞いてみると「言われてみるとそんな気もします」と回答してもらえたので、全く外れているわけでもなさそうです。

Z世代はSNS社会で生活しています。SNS上で多くのコミュニティーにつながり、そこで多様な人とつながりを広げていくことで成長を実感し、自身を社会化していきます。どんなコミュニティーにつながっているかは、自分のアイデンティティーでもあります。また、SNSが発展する過渡期に育ってきたZ世代は、自分の投稿に対する周りからの反応で嫌な思いをした経験があり、SNS社会で生じる様々なストレスから自分を守っています。例えば、同じSNSに複数のアカウントをつくって使い分けることで、コミュニティーごとの空気を読み、アカウントごとにつながる人との心理的な距離感を変えています。

例えば、Instagramに複数のアカウントをつくって使い分けることは主流になっていて、本アカ（本アカウント）とサブアカ（サブアカウント）、趣味アカ（趣味のアカウント）やヲタアカ（ヲタ活用アカウント）など、平均して1人2～3個のアカウントを持っています。

Z世代は、小中高時代の友人と卒業後もSNSでつながっています。SNS登場以前に成人した世代が中学から高校、大学、社会人になる過程で同級生とのつながりが希薄となり、その度に友人関係をリセットするのとは異なり、卒業後に物理的に会う機会が減っても、互いに近況をおおよそ理解しています。また、〝よっ友〟とも本アカでつながります。よっ友とは、学校ですれ違いざまに「よっ」と軽く会釈するような、顔見知り程度の友達のことです。こうした友人たち、いわばそこまで仲良くない人も含むオフラインで面識のある人たちと、ゆるやかにつながるのが本アカです。そこまで仲よくない人も含むため、誰に見られても大丈夫な内容を意識して投稿する場です。本アカは、周りの人から見られている自分を強く意識する、いわゆる他者承認欲求が高まるコミュニティーに向けて使うことが多く、「映えを気にして投稿する」場合や「周りから浮かないように無難に投稿する」場合など、その場の空気を読んで自己表現に注意を払った投稿をします。一方で、サブアカは最も身近で親しい人、いつも一緒にいる、いわゆる〝いつメン〟とつながる場です。フォローし合う人を気の置けない間柄の友人に制限しているので、飾らない素の自分や本音を投稿します。

これらの外に、オフラインで面識はなくオンラインを中心につながる、趣味アカ、ヲタアカなどがあります。ここ数年、こうした趣味や推しを共通項として集まるコミュニティーを「界隈」と呼ぶようになりました。K-POP界隈、アニメ界隈、アイドル界隈、量産界隈など、趣味やファッションスタイルなどのジャンルごとのコミュニティーがSNS上に顕在化しています。界隈一つひとつの規模は大きくありませんが、当該ジャンルに関連する購買行動はこのコミュニティーの影響を大きく受けるため、「界隈」の概念は市場性の高いトピックとして注目すべきだと考えます。

SHIBUYA109エンタテイメント（東京・渋谷）が運営する若者マーケティング研究機関「SHIBUYA109 lab.」所長の長田麻衣氏は「SHIBUYA109 lab.トレンド大賞2022」を総括する記事の中で、コロナ禍をへた若者のコミュニティー観について言及しています。また、同記事では「Z世代の界隈」についても分かりやすく説明されているので以下に引用します。

「共通の関心事やカルチャー、好きな世界観を持つ者同士で構成されるゆるいコミュニティである〝界隈〟ごとに異なるトレンドが存在し、1つの界隈で熱量が高く、トレンドになったものが他の〝界隈〟に伝播し、大きなムーブメントとなるのがZ世代のトレンドの生まれ方の特徴です」

引用元：SHIBUYA109 lab.所長が分析！トレンドもコミュニティも量より質。〝ウチらの界隈〟の共感できる人だけで楽しみたい
https://shibuya109lab.jp/article/221108.html

以上のように、Z世代はオフラインとオンラインの次元を超えて、複数のコミュニティーにつながっています。彼ら彼女らは各コミュニティーに合わせて表現をチューニングするので、スマホの画面にはアカウントごとに異なる世界観が現れます。

ここですごいと感じるのは、どの世界観も自分らしい、自分の好きな世界観だと認識できていることです。Z世代にとっては、自分の中に多様な好みや世界観があることは当たり前のため、複数のコミュニティーとつながりを持つことは自然なことなのです。こうした自分の多面性を認識し、1人が多様なコミュニティーを持つ傾向は、上の世代とはまた少し異なる傾向だと感じます。

α世代は成果志向でコミュニティーをつくる

α世代は、Z世代のようにいくつものアカウントをつくって個別に管理するような手間を、面倒に感じるのではないかと思います。それよりも、自分のことをよく知っているAIのサポートを受けて、つながるコミュニティーを選択したり、そこでの自分らしさの表現（どのアバターを使用してアイデンティティーを表現するかなど）を最適化したりすることが合理的だと考えるかもしれません。また、α世代はオンラインゲームで自分の分身のアバターを使用して、見知らぬ人とゲームをプレーすることに慣れている世代なので、人とのつながり方やコミュニティーの捉え方が変容するのではないかと考えます。

現代でもその兆候が見られますが、今後さらにSNS社会のストレスを解消したい社会ニーズが高まり、人々は居心地のよい自分の場所を探し始めると予想します。こうした社会的背景を受け、α世代はコミュニティーを、日常的にフィジカルな接点がある家族や親友とのコミュニティーである「ファーストプレイス」、学校や仕事仲間とのコミュニティーである「セカンドプレイス」、それ以外につながるコミュニティーを「居心地のよいサードプレイス」に分けて考えるのではないでしょうか。

そして、α世代の成果志向の強さは、「界隈」の概念も進化させます。共通の興味を持った人が集まるコミュニティーから、つながる人がお互いを高め合いながら何かしらの成果をつくる「プロジェクト型コミュニティー」のような形にアップデートするのではないかと思うのです。プロジェクトの趣旨やパーパス（社会的意義）に共感する人が自由につながるこのコミュニティーは、いわばクラウドファンディングや応援購買と近い感覚です。

経済産業省は30年までに全企業に対して副業の容認を推進しています。プロジェクト型コミュニティーの概念は社会に副業を押し進める一助になり、2030年代の働き方改革と強く連携すると考えます。

企業はコンテクストをつくる存在に

2010年代まで、マーケターが企画するコミュニケーションの主流は、マスメディアと広告を通じたコンテンツでした。主要メディアは時代とともに、音声からテキストへ、テキストから画像へと推移し、現在では、画像やショート動画による直感的なビジュアルコミュニケーションが主流となっています。

そして2020年代以降は5Gや6Gの登場で、離れた場所にいる人とでも同時に同じ体験ができるようになります。国境を越えて同時に同じ体験をしている人がいると感じられることで、共感や熱量が高まり、コミュニティー内に新しいコンテクスト（文脈）が生まれることの社会的価値が高まると考えます。

例えば、旧来から広告の基本機能は「伝達と説得」だとされているため、広告は、生活者が興味を持ってくれそうな魅力的な情報を入れ込んだものになります。すると結果的に、

主要メディアの変遷とコミュニケーションの変化

コミュニケーションの主流は、コミュニティーで生まれるコンテクストへ転換していく

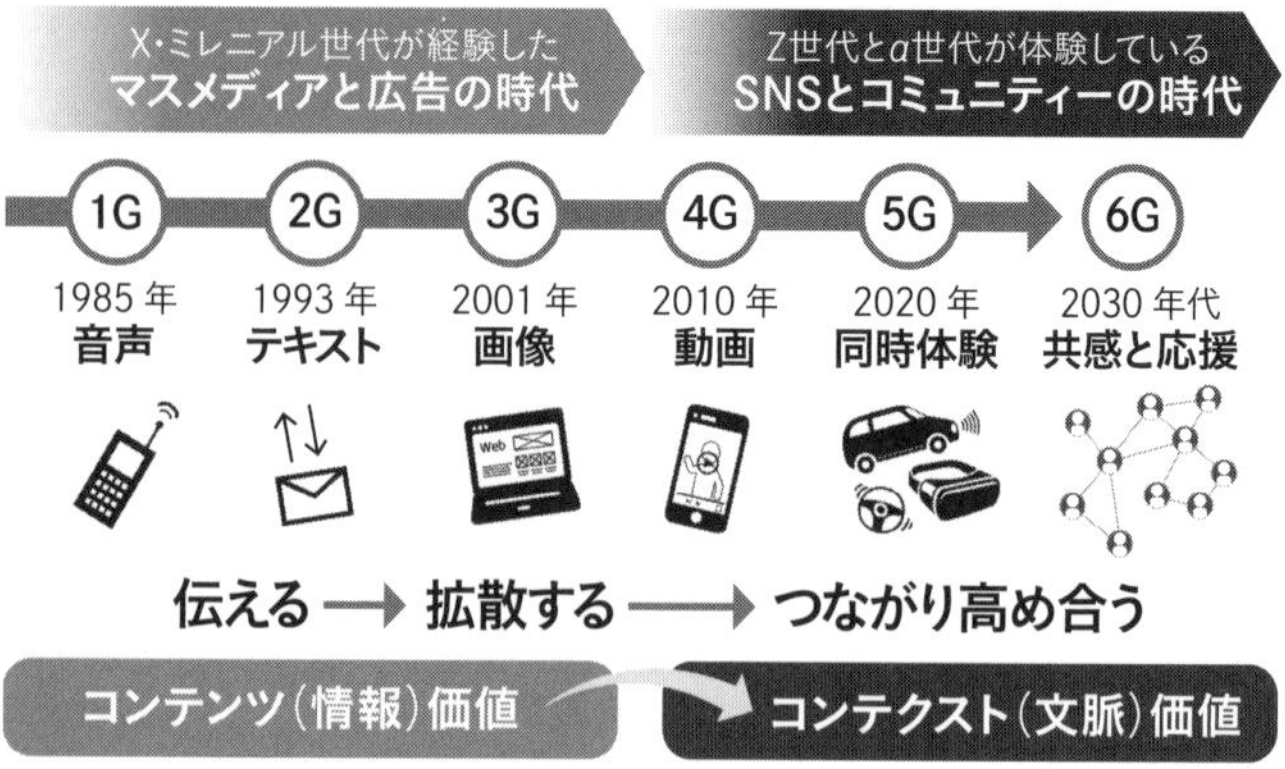

企業はコンテンツ（情報）を届ける存在からコンテクスト（文脈）をつくる存在に変化する

広告は広告主によってつくられた完璧なブランドストーリーや世界観を映すものになります。

しかしSNSとコミュニティーの時代においては、広告主がきれいにまとめた情報ではなく、コミュニティーにつながるみんなが、自分の思いを投影して情報価値を高めていくことでそれぞれのコンテクストをその中に感じられるようなコンテンツが求められるのではないでしょうか。「あなたにベストな商品！」というメッセージは「私にベストだと誰が決めたの？」と押し付けに受け取られてしまうことがあるよう

に、生活者たちそれぞれが自分の好きな世界観や思いを溶け込ませられる余白があるほうが、受け入れられるのです。企業はコンテンツ（情報）を届ける存在から、コミュニティーの中でコンテクストを生み出すことを支援する存在へと変化し、コミュニケーションの方法も変化していくでしょう。

STPが通用しなくなる

SNS社会は、自分らしさを実感しにくい社会でもあります。他人の幸せそうなシーンがたくさん見えるようになるほどに、自分らしさに戸惑うようになります。自分らしさとは何かをあれこれ考えるよりも、他人の幸せそうなシーンを真似《まね》してみることのほうが簡単なので、SNSではインターネットミーム（インターネットを通じて人の真似をする情報が広がっていくこと）の拡散が盛んになります。その結果SNSには同じような投稿があふれ、その中で自分らしさに確信が持てないと感じる人が多くいます。

Z世代は「みんなちがって、みんないい」という言葉をよく口にします。これは、詩人の金子みすゞの詩「私と小鳥とすずと」の中にある言葉です。この詩は小学校3年生の国語の教科書に載っており、多くのZ世代が目にしたことがある作品です。Z世代は多様性を尊重しようとする機運が高まる時代に育ち、好きな髪形やメーク、ファッションなどを通して、なりたい自分になれる自由さを感じています。

その一方で、進学や就活の面接の場面などで「あなたらしさについて教えてください」と、他人との違いや個性を問われることに生きづらさを感じる世代でもあります。「みんなちがって、みんないい」に込められた本意は、「あなたはあなたでいい」というメッセージだと思いますが、多様性を尊重する教育の中で育ってきたZ世代は「違いを認め合おう」という文脈理解が強くなってしまい、他人と違うことが明確でないと「個性が弱い」と感じてしまうことがあるようです。

α世代は、生まれたときから多様な価値観が尊重される社会で育っていて、多様性に関する教育もZ世代よりアップデートされているため、「あなたはあなたでいい」という感覚を強く持っていると感じます。α世代が多様性に関する社会の理解をアップデートしていくことで、他者から個性の表現を求められたり、押し付けられたりすることのない社会へ進展することを期待しています。「みんなちがっていていいけれど、他人と違うことだけが自分らしさや個性ではない」「自分の個性を他人にアピールすることを押し付けられなくてよい」という社会の空気をつくってくれるのではないでしょうか。

そしてアイデンティティー（自分らしさ）をどのように実感するのか、その変化を捉えることで、マーケティングの進化が見えてきます。

Z世代だけでなく、SNSでの他者承認に疲れが見えてきた広い世代で、「自分らしさの実感の仕方」に変化が見られます。例えば、次のような意識の変化があるようです。

・他者との違いこそが個性だという意識から、中庸から取った距離で自分らしさを感じた

いと思うように

・相手の気持ちに入り込んで同調するのではなく、相手の気持ちを尊重して距離感を保ちながら共感することが、お互いに心地いい

・価値観を出すとぶつかることが多いが、自分の世界観を出すことでつながりやすくなる

見た目から分かるスタイルよりも、どのようなスタンス（思い）を取っているかでつながる相手を判断したい

・所有物や所属のブランドよりも、どんな人とつながっているかでアイデンティティーが分かる

この変化を踏まえると、属性からターゲットグループを設定するＳＴＰ（セグメンテーション・ターゲティング・ポジショニング）マーケティングはもはやあまり効果を発揮せず、コミュニティー内でのアイデンティティーを中心とするマーケティングが主流になっていくことを象徴しています。

対談 3

企業は「ファンコミュニティー」ではなく「界隈」を

幼少期からデジタルツールを使い、SNSの普及と共に育ってきたZ世代。新たなコミュニケーションツールを使いこなし、それまでに見られなかった消費特性を有するとして注目を集めています。そんな彼ら彼女らも成長の過程で、消費行動や志向が徐々に変化しつつあります。Z世代の変化を見ることで、Zとαの両世代が担う2030年代のマーケティングのヒントを得られるかもしれません。若者マーケティング研究機関「SHIBUYA109 lab.」所長の長田麻衣氏に話を聞きました。

Z世代内でも特性に違い

小々馬敦（以下、小々馬）　Z世代と一口に言っても、上は27歳の社会人から下は15歳の中学生までと幅広く、Z世代の中でも特性が異なるのではないかと思います。Z世代の中での特性の変化についてお聞かせいただけますか。

長田麻衣（以下、長田） 最も異なるのは、コミュニケーションコンテンツです。私たちが〝アッパーZ〟と呼んでいるZの中でも上の年齢の人たちは、高校・大学時代の主要なコミュニケーションツールがInstagramだったため、静止画でのコミュニケーションを得意とします。一方でZの中でも年齢が下がるほど、ショート動画でのコミュニケーションが中心になってきています。動画がメインになることで、言語化されていない感覚的な部分を読み取ることにたけているなと感じます。また、テキストベースのコミュニケーションに弱いというか、必要以上に文字を読みたがらない傾向も感じます。

中学校や高校を訪問することがあるのですが、生徒の半数以上が今もマスクをしていて、食事中もマスクを付けたり外したりしながら食べていることがあります。コロナ禍で衛生面や、顔に関する意識は変わっているのではないかと思いますね。顔を見せないことが当たり前の世界だったので、見せるのが恥ずかしいという意識がもしかしたらあるのかもしれないと感じました。

長田麻衣
SHIBUYA109 lab. 所長
総合マーケティング会社にて、主に化粧品・食品・玩具メーカーの商品開発・ブランディング・ターゲット設定のための調査やPRサポートを経て、2017年にSHIBUYA109エンタテイメントに入社。SHIBUYA109エンタテイメントマーケティング担当としてマーケティング部の立ち上げを行い、18年5月に若者マーケティング機関「SHIBUYA109 lab.」を設立。現在は毎月200人のaround 20（15歳～24歳の男女）と接する毎日を過ごしている。宣伝会議等でのセミナー登壇・TBS『ひるおび！』コメンテーター。著書『若者の「生の声」から創るSHIBUYA109式 Z世代マーケティング（プレジデント社）』、その他メディア寄稿・掲載多数

小々馬　毎年新しく入ってくるゼミ生に、自己紹介のための画像を送ってもらうのですが、23

年に入ってきたゼミ生は、素顔の写真を送ってくる人がほとんどいなかったですね。加工してあるか顔がぼやけているか、後ろ姿の写真もあったりして。

長田 自分の顔が自分らしさというよりも、自分の背景に写っている物で自分らしさを表現する感覚は、Z世代以外もあるかもしれませんが、よりこの世代で強いかもしれませんね。

小々馬 背景に写っている自分の好きな世界観で、つながったりコミュニケーションを取ったりしようとしますよね。

ファンコミュニティーは囲い込みになりかねない

小々馬 Z世代のコミュニティーがどんどん小さくなっている気がしています。本当に仲がいい3~5人の友達でいつも遊んだり課題をやっていたり。「1クラス」というような、大人数の単位が意識されなくなってきていますよね。

長田　コミュニティーはコロナ禍をへてとても変わっていて、少人数で深い仲になる傾向があります。年齢や性別などは関係なく、自分と興味関心が同じ人と熱量高く楽しみたい、本当に共感できる人とだけ共感し合えればいいというように、少人数と仲よくすることに満足していて、コロナ禍が明けてもあまり新しい交友関係にモチベーションがないように見受けられます。交友関係を広げるにしても、今あるコミュニティーに近いところから少しずつ広げていくことを好み、全く新しいところに飛び込んでいくようなことはあまりしません。

小々馬　おととし、X、ミレニアル（Y）、Z、αの4世代を対象に行った調査では、「コミュニティー」という言葉から連想されるものとして最も多かったのが、「ほどよい距離感」でした。「所属」とか「登録」することはちょっと嫌だけど、ちょうどよい距離感でお互いに助け合ったり、高め合ったりする、緩やかな関係性を期待している、という結果が多くの世代で見られました。

長田　「界隈」の概念は結構それに当てはまっています。コミュニティーとどう違うのかとよく質問されますが、界隈には枠がないんです。界隈の中心はかなり熱量が高いですが、熱量高い中心からグラデーションのように外に広がっていて終わりがないというか。だから他の界隈とも重なっているし、そこを出たり入ったり自由にできます。それがZ世代にとって心地よいつながり方なのかなと。

小々馬　企業は結構ファンコミュニティーをつくろうとしますよね。ファンコミュニティーは自社の商品やサービスを好きな人とつながり続けようとして、ある意味囲い込もうとすることでもあるので、Z世代が好むつながり方とは少し違うのではないかなと思えます。

長田　企業は囲い込むというより、自分たちが常にその界隈の熱量の軸をつくり続けようとすべきだと思います。最近TikTokのコンテンツでうまいなと思ったのが、生理用品のブランドが出しているものでした。生理についてのあるあるを2人のキャラクターがラジオのようにゆるく話す内容なのですが、あるあるの内容が視聴者の共感を呼び、視聴者同士でコメント欄が自然に盛り上がっているんです。共感を得るコンテンツをつくり、そこからどうコミュニケーションを生むかまで設計されていて、「コンテンツを見た人たち」という緩い界隈が生まれています。

加えて、軸は企業がつくりつつも、コンテンツ自体は消費者と共創するスタンスが大切だと思っています。SHIBUYA109 lab.ではテスト的に、「まるきゅーおいしいものくらぶ」というグループをLINEのオープンチャットで運営しています。例えば「推し活にお薦めのカフェ」というテーマをチャットに流すと、チャットの参加者から案が送られてきます。その案を「みんなの推し活にお薦めのカフェ」としてGoogleマップにまとめて共有するというグループです。「暇なときに教えてね」くらいの呼び掛けをして、チャットの参加に特にルールは設けていません。テーマはこちらで設定しますが、主導権を持ちすぎないというか、自然発生的に参加者同士のやり取りが生まれたらいいなと思っています。そのために、定期的に参加者を集めてイベントを開催するなどして、帰属意識を持ってもらえるような仕掛けもしようと思っています。

ここで気を付けているポイントとしては、普段からSHIBUYA109 lab. と関わりがある人たちも特別扱いせず、参加者全員と同じ温度感で接することです。そうすることで、あまりSHIBUYA109 lab. と関わりがない人も発言しやすくなるかなと。あまり関わりがない人ともコミュニケーションが取れるようになり、徐々にコミュニケーションを増やしていくことで、ゆくゆくはコアなファンになってくれるのではないかと考えています。それこそ枠をつくらないで、熱量が高い人もそうでもない人も緩く参加できる場をつくることが、今後重要になっていく気がしています。

小々馬 とても示唆的なお話です。最初は緩いつながりからコアなファンが生まれていくと考えると、緩い関係性がないとサステナブルではないですよね。既存のファンに向けてCRM（顧客関係管理）などをしていても新しいファンの基盤がないと、ファン層は先細りになります。

緩いつながりから消費は生まれるのか

長田　例えば、Vtuber（バーチャルユーチューバー）がライブ配信で商品をPRして売れるのは、推しが紹介しているからだけでなく、Vtuber界隈の空気感が好きだからこそ、PRでも嫌悪感なく受け入れられて「買ってみよう」となる。中心の熱量が高いながらも、枠がなく外に開けている緩い場であれるかどうかが、今後消費を起こせるかの鍵にもなると思います。緩いからこそ関係する人は多く、関係している人が他の界隈に伝播《でんぱ》させていくこともあるので、そうして消費が広がっていくのです。

小々馬　あと、Z世代は消費の背景にエピソードを求めますよね。エピソードがあることで幸福を感じるようです。

長田　そうですよね。一方で、コスパやタイパがいい物、SNSに載せて映える物などを、TikTokから知って買うような、刹那的な消費もありますよね。こうした刹那的な消費は今後も起こると思いますが、Z世代を見ているとそれにも疲れている感じがあります。なので私たちは、24年には〝デトックス消費〟の兆しが見え始めるのではないかと思っています。自然が体験できる場に行ってみたり、次々に変わるファストトレンドに乗るのではなく、ウェルビーイングな商品に目が向くようになったり。コミュニケーション面でも、大人数が見るアカウントで映えている写真を公開するのではなく、限られた本当に仲のいい人にだけ日常を共有するようになるなど。刹那的な消費はなくなりませんが、デトックスを求める傾向も出てきていると感じます。

第4章

2030年代、消費とマーケティングはどう変わる？

人口オーナス時代の到来で、社会が逆ベクトルに転換

この章では、2030年代に向けて新しいビジネスアイデアを創出するために、今、マーケターが備えるべき観点と感性について考えます。

第3章の情報爆発時代の項では、複数メディアから膨大な情報を受け取り続けるZ・α世代について触れました。生まれたときからこうした情報環境が当たり前だった世代と、上の世代では、意識している情報の量と質、見えている景色が異なるのではないでしょうか。このように、上の世代とZやαなどの若い世代とでは、同じ20年代に暮らしていても、育った環境とそこから生じる観点の違いにより、見えている社会の景色は異なるかもしれません。社会が移り変わっていく様子を若い世代の観点から捉えることで、未来社会を洞察する精度はより高くなると考えます。

上の世代であるX・ミレニアル世代とZ・α世代が育った生活環境には、根本的な違い

日本の総人口の長期的推移

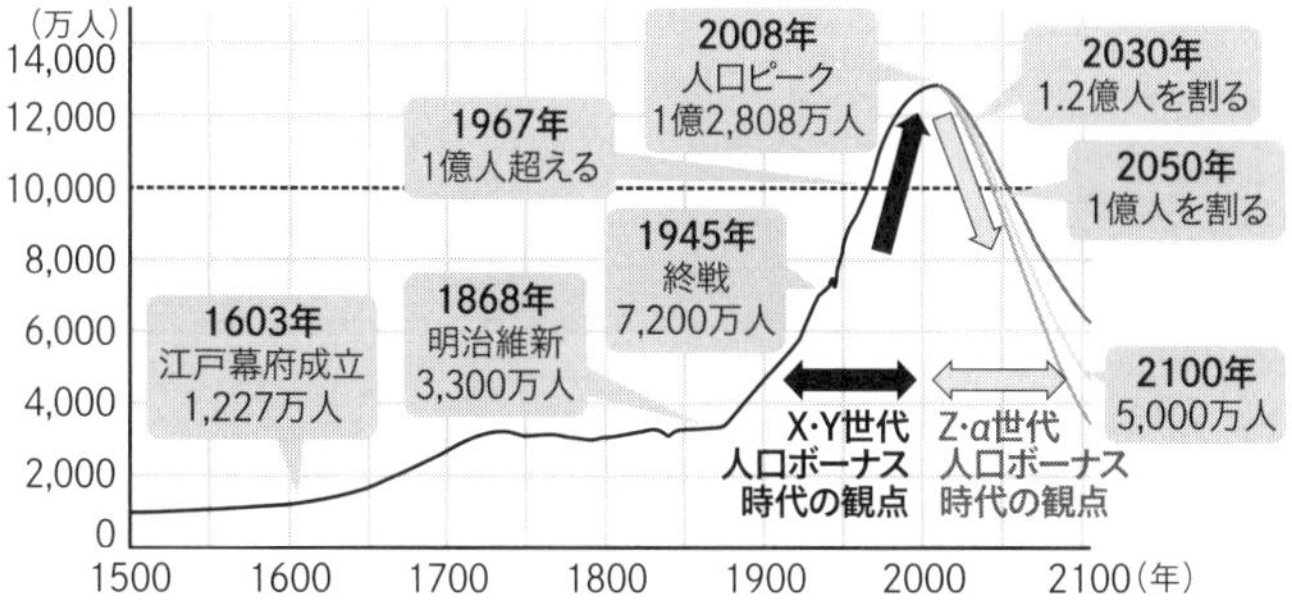

（出典）1920年までは、国土庁「日本列島における人口分布の長期時系列分析」（1974年）、1920年からは総務省「国勢調査」。なお、総人口のピーク（2008年）に係る確認には、総務省「人口推計年報」及び「平成17年及び22年国勢調査結果による補間補正人口」を用いた。2020年からは国立社会保障・人口問題研究所「日本の将来推計人口（平成29年推計）」を基に作成
出典／国土交通省『国土の長期展望（2021年）』に筆者が加筆

が2つあります。一つは、SNSが浸透する以前と以降での人のつながり方です。そしてもう一つは、人口増加が経済成長を後押しした人口ボーナス時代から、人口減少によって経済や社会制度に負荷が生じる人口オーナス時代に変容したことです。

「日本の総人口の長期的推移」のグラフを見ると、X・ミレニアル世代とZ・α世代では、見えている世界が異なることは明らかです。Z・α世代は学校の授業を通して、人口が減少していく日本社会に生じ得る社会課題を見つけ、その解決策を考える観点と感性を養っています。一方で上の世代は、

人口減少によって生じる社会課題を考える機会自体が少なかったのではないでしょうか。

日本政府はおおむね10年おきに国土づくりの戦略をアップデートしていて、21年に公開した『国土の長期展望』では、50年を見据えた国土づくりの方向性を示しています。この資料の冒頭に掲示される日本の総人口の長期推移のグラフは非常に印象的で、人口ボーナス時代に育ったマーケターの社会観を若い世代の観点へと転換する必要性を示唆しています。

我が国の人口推移を17世紀から見てみましょう。1603年の江戸幕府成立のころから人口増加が顕著となり、1868年の明治維新をきっかけに急増し始めます。現代に入ると1945年の第2次世界大戦の終戦をへて人口増加が加速していき、経済の高度成長を支えました。2008年には、人口1億2808万人とピークに達し、その後は一転して急勾配で減少を始めています。これからどの程度まで人口が減少するかというと、30年に1億2000万人を、そして50年には1億人を割り込むと予測されています。さらに2100年には、明治時代の水準である約5000万人にまで戻ると推計されています。人口が1億人を超えたのは1967年です。それから2008年までの約40年間に2800万人増加し、1億2808万人とピークを迎えます。そして次の40年間に、同じだけの2800万人相当が消え、50年には1億人にまで減少します。日本政府は、この日本の総人口の推移は他国に類を見ない極めて急激な減少であると説明しています。

人口が増加する、すなわち生産労働人口が増えて市場規模も拡大していく時代から、人口が減少して市場が縮小していく時代へ。これからの社会は、まるでジェットコースターに乗っているかのようにドラスチックに逆の降下ベクトルへと転換していきます。マーケターは、レールを上がっていく先に無限の広がりが見えている感覚のままであるならば、これから急降下、縮小していく先の景色を想像し、頭の中にある心像をスイッチする必要があります。これは決してネガティブなことではありません。「ジェットコースターの醍醐味は急降下時にこそある」とマインドを切り替えることで、人口減少時代に生まれ育っているZ・α世代の価値観や行動を理解しやすくなるはずです。

全ての世代が今の社会で育まれた価値観を知ろうとすることで、世代を超えて互いの価値観の違いを尊重し合えることがかない、「よりよい社会の共創」が推進されるのではないでしょうか。

旧来のマーケティングメソッドが合理的でなくなっていく

これまでマーケターが学んできたマーケティングの基本理論やメソッドの多くは、人口ボーナス時代に体系化されているため、人口オーナスの現在では合理性が低くなっていると感じます。

私は大学でマーケティング概論の授業を担当しています。その内容のおおよそは、私自身が１９７０年代後半から80年代に大学で学んだ伝統的な理論であり、広告会社の実務で活用していた手法です。自分の体験からは、それらの合理性はしっくりときているのですが、講義に耳を傾ける学生たちの表情を見ていると、今ひとつ響いていないと感じることがあります。学生たちは先代の英知者がまとめた理論の目的や期待効果については理解できるのですが、自分たちが育っている人口減少社会とはコンテクスト（時代背景の文脈）が違うので、どこかしっくりとこないのです。そのため、学生たちに伝統的な理論や手法を説明する際には、それがつくられた時代の文脈を解説するように心掛けるようになりました。

例えば、シェア競争戦略の事例を解説する際には、「この事例の時代では、人口増加を背景として市場全体の規模が拡張していて、自社のシェアを拡大することは事業収益高を増大することにつながっていました。よって、競合からシェアを奪うマーケティング活動は合理的だったのです」と説明します。その上で、現在の社会背景からも解説を加えます。

「しかしながら、現在は人口減少によって市場全体の規模は縮小傾向にあるので、大きくなっていかないパイの中でシェアを奪い合う競争戦略の合理性は以前ほどには高くありません。そこで現在では、新しいサブカテゴリー市場を創造する、または、人々に新たな習慣行動を啓発して新しい市場を顕在化するなどのアプローチが始まっています」というように、人口ボーナスとオーナスの双局面から説明して理解を深めていきます。

私自身もそうなのですが、昭和の経済高度成長期にマーケティングの実務に携わってきた世代には、人口ボーナス時代の社会風景が頭のどこかに残像としてあり、知らずとマス発想（マスプロダクト、マスメディア、マス市場の掛け算）をしてしまうことがあると感じます。例えば、見込み顧客の市場規模を考える際もそうです。団塊世代の年間出生数260万人、団塊Jr.世代200万人という規模感が残っていて、対象顧客層を20代全体とする事業であれば、見込み市場規模を2000万人と直感してしまうのです。実際は、現在20代のZ世代の出生数は100~120万人規模と、上の世代の半分ほどです。2023年の出生数は75万人規模で、α世代はさらに減少しています。もちろん統計データを確認して直感を是正しますが、それ以前に、自分の中に染みついている感覚がもはや当たり前ではないことを認識すべきです。

2030年代には、Z・αという新たな価値観を持った世代が社会の中心的役割を担っていきます。こうした時代に向かっていく現代は、伝統的なマーケティングに親しんだマーケターが、自身の観点と感性をアップデートするのに好ましいタイミングと考えます。

2024年、マーケティングの定義が34年ぶりに刷新

ちょうど本書を執筆している24年1月に、公益社団法人日本マーケティング協会（ＪＭＡ）が、34年ぶりに「マーケティングの定義」を刷新しました。何がどのように進化したのか、１９９０年に制定された旧定義と比べてみます。

【旧】１９９０年に制定されたマーケティングの定義（出典／ＪＭＡホームページから）

> **（マーケティングとは）、企業および他の組織1)がグローバルな視野2)に立ち、顧客3)との相互理解を得ながら、公正な競争を通じて行う市場創造のための総合的活動4)である。**
>
> 注1）教育・医療・行政などの機関、団体などを含む。
> 注2）国内外の社会、文化、自然環境の重視。
> 注3）一般消費者、取引先、関係する機関・個人、および地域住民を含む。

注4) 組織の内外に向けて統合・調整されたリサーチ・製品・価格・プロモーション・流通、および顧客・環境関係などに係わる諸活動をいう。

【新】 2024年に刷新されたマーケティングの定義

（マーケティングとは）顧客や社会と共に価値を創造し、その価値を広く浸透させることによって、ステークホルダーとの関係性を醸成し、より豊かで持続可能な社会を実現するための構想でありプロセスである。

注1) 主体は企業のみならず、個人や非営利組織等がなり得る。
注2) 関係性の醸成には、新たな価値創造のプロセスも含まれている。
注3) 構想にはイニシアティブがイメージされており、戦略・仕組み・活動を含んでいる。

JMAは今回の刷新の背景を次のように説明しています。

「デジタル技術を活かした新しいビジネススキームの台頭により、企業と顧客は共に価値を創造する関係性へと変化しマーケティングにもその視座を考慮することが必要とされています。また企業は2030年SDGsの期限が迫るなか地球環境の配慮を伴う取り組みが必須となっており、長期的な視点で社会の持続可能性に貢献する組織かどうかをステークホルダーに評価される時代となりました」

私が理解した大きな進化は、企業と顧客の関係性が「相互理解する相対関係」から、「共に価値を創造する対等なコミュニティーの関係」にシフトしたことです。加えて、新しい定義からは「競争」というワードがなくなり、主体となる観点が、企業成長を観点とする「市場創造」から、社会の持続成長を観点とする「持続可能な社会の実現」へと明確にシフトしたことです。

私たちのゼミには毎年秋に2年生（19〜20歳）の学生たちが入るのですが、入ゼミ後の最初の共同作業として全員で「マーケティングの定義」を考えます。私たちは「マーケティングで世界をハッピーに！」というパーパスを掲げています。マーケティングの定義を考える際は、人々の幸せにマーケティングがどのように貢献できるのか、そのアプローチを考察します。学生たちは将来マーケターを目指すならという観点で「自分たちがマーケティングを通じて実現したい明日の姿」を、約1カ月かけて明文化します。興味深いのは、同じ世代でも定義される文言が、世相の変化を反映して毎年少しずつ変化していくことです。そしてその変化は、マーケティングのあるべき進化のエッセンスを的確に捉えていると感じています。数十年単位で刷新するＪＭＡの定義と、毎年アップデートしていく大学生のマーケティングの定義を合わせて見ることで、これからマーケティングが進化していく方向性がつかめるように思います。

マーケティングの定義を考える活動は、14年から毎年行っています。この10年間の変遷とそのポイントを紹介します。14年に2年生になった学生は、ミレニアル世代最後の代です。彼ら彼女らによるマーケティングの定義には、「価値の〝交換〟」という概念が残っていました。翌15年、16年には「価値の交換」は「価値の〝共創〟」という文言に進化します。ＣＳＶ（共有価値の創造）の考え方が日本企業に普及し始めたころです。そして17年、Ｚ世代最初の代の定義には、「人それぞれが持つ異なる価値観を尊重し合うこと」「一人ひとりの幸せを実現することで社会をよりよい場所にする」というように、価値観の多様性を尊厳したい思いが現れました。また、社会の価値を創造する主体が、企業から生活者へ、そして一人の人間へと、人間を中心としたマーケティングの観点が強くなっていく流れが見えます。

2014年　1期生のマーケティングVISION（1993‐94年生まれ）
（マーケティングとは）日々の生活の中で、意味ある何かを交換し、コミュニケーションにより絆を結ぶことで、より良い明日を追求し続ける

2015年　2期生のマーケティングVISION（1994‐95年生まれ）
（マーケティングとは）幸せな世の中を創り出すことを目的とし、人と人がつながりを持ち、よりよい価値の共創をするプロセスである

2016年　3期生のマーケティングVISION（1995‐96年生まれ）

（マーケティングとは）価値を共創し拡げていくことで、世界をＨＡＰＰＹにする活動である

２０１７年　４期生のマーケティングVISION（１９９６-97年生まれ）

（マーケティングとは）個々によって異なる幸せへのプロセスを〝創発〟することで、世界をＨＡＰＰＹにする活動である

２０１８年　５期生のマーケティングVISION（１９９７-98年生まれ）

（マーケティングとは）一人ひとりが創出した未来への〝思い〟を実現し続けることで、世界をＨＡＰＰＹに染める活動である

２０１９年　６期生のマーケティングVISION（１９９８-99年生まれ）

（マーケティングとは）一人ひとりがありのままで今日より明日に〝ときめく〟ことができる世界を共創していく活動である

2020年　7期生のマーケティングVISION（1999－2000年生まれ）

（マーケティングとは）幸せのために変わりゆく環境の中で尊重価値観の流れを創造し、創像*し続けることである

*創像とは、人々が知覚できるようにしあわせな姿を描き見えること

2021年　8期生のマーケティングVISION（2000－01年生まれ）

（マーケティングとは）世界をHAPPYに染めるために、ひとりひとりの価値観に寄り添い、未来を共に作る活動である

2022年　9期生のマーケティングVISION（2001－02年生まれ）

（マーケティングとは）生活者の幸せを追求し、可能性あふれる時代を創造するきっかけを創ること

2023年　10期生のマーケティングVISION（2002－03年生まれ）

（マーケティングとは）ひとと社会のニーズを探求し、Happinessを共創し続けること

※共創：多様な人々、ステークホルダと対話しながら新しい価値を共に生み出していくこと

消費がネガティブな時代に、マーケターはどうアプローチできるか

続いて、マーケターが感性（センス）を転換する必要性についてです。新しい消費のかたちを築きつつあるZ・α世代は、「消費」にどのような感情を抱いているのでしょうか。

大学生と話をしていると、自分たちが消費者であるという意識は希薄です。幼いころからエコの意識が根付いていて、サステナブルな行動をよしとする生活を当たり前のこととしています。そんな世代は「自分の好きな物を大切に長く使いたい」思いが強く、そもそも「消費しないことがサステナブル」と考えています。マーケティングを専攻する学生は「消費者」という言葉を使うことには慣れていますが、自分は商品やサービスを〝消耗して使

3都市圏の居住する大学生1073人を対象に行った、消費に関する調査結果 (N=1073　単位：%(複数回答))

		全体	男性	女性
1	コスパのいいものを選ぶ	59.1	55.8	61.5
2	長く使えるものを買う	48.3	47.2	49.1
3	流行よりも自分が必要とするものを自分で選ぶ	39.6	33.1	44.5
4	衝動買いしないようにする	38.1	30.7	43.7
5	男性用・女性用を気にせずに買う	20.7	19.9	21.3
6	なるべく物を買わない	20.2	19.7	20.6
7	新商品よりも今使っている商品を買う	16.5	15.6	17.5
8	トレンド流行を気にして買う	15.4	16.0	14.9
9	発売元の企業の知名度やブランドを気にする	15.2	16.7	14.1
10	環境に配慮した商品を買う	14.6	17.1	12.8

出典／産業能率大学小々馬敦研究室「Z世代・大学生が描く2030年のウェルビーイングな社会」

い尽くすような買い方や使い方＝消費〞をしていないので、自分が消費者と呼ばれることに違和感があると言います。

21年に東京、大阪、九州の3都市圏に居住する大学生1073人を対象に実施した調査で「あなたが普段使う商品を購入する際に意識していることは何ですか？」と質問したところ、上位回答は「コスパのいいものを選ぶ」「長く使えるものを買う」「流行よりも自分が必要とするものを選ぶ」「衝動買いしないようにする」でした。「なるべく物を買わない」という回答は全体の約2割に上りました。同時に行ったイ

大学生と大学生の母親の「消費すること」に関するパーセプション

AIテキストマイニング by ユーザーローカルを使用

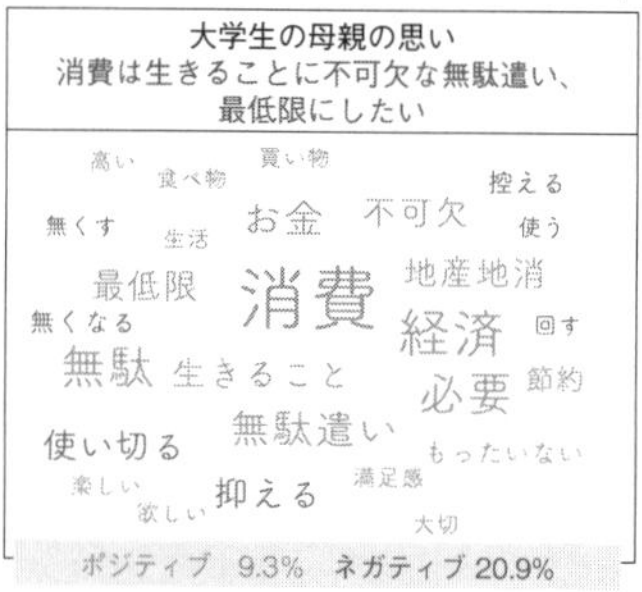

出典／産業能率大学 小々馬ゼミ インテージ共同調査 「Z/α世代の母親を対象とする全国調査」(2022年9月) 大学生の母親 371サンプル

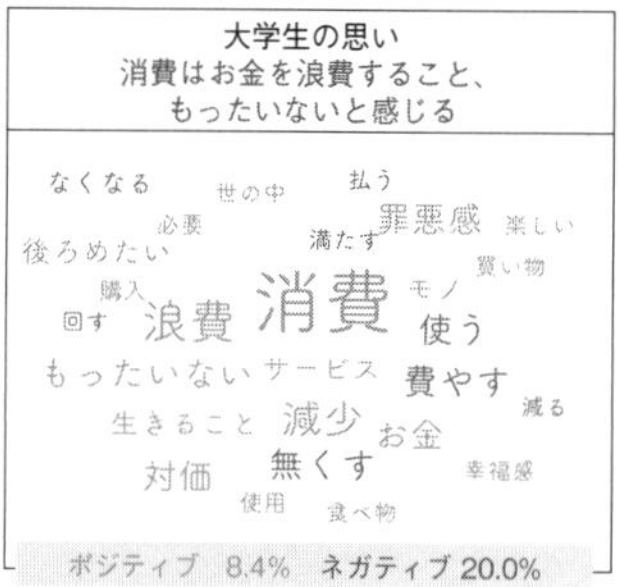

出典／産業能率大学 経営学部 2年生・3年生を対象とする調査（2022年11月）120サンプル

ンタビュー調査からは、「失敗したくないので、新製品よりも使い慣れていて安心な物や、定番商品を買う」「トレンド情報に惑わされずに、自分に合っているものを選びたい」という思いの強さが見えてきました。また、物を消費することに対しては、後ろめたさや罪悪感を抱くことがあるという声もありました。

22年に行った調査では、「消費という言葉から思い浮かぶイメージを教えてください」という質問を、大学生と大学生の母親を対象に行いました。その結果、驚いたのは消費という言葉（概念）がネガティブに捉えられていることでした。自由回答をＡＩでテキストマイニングして認識（パーセプション）を文脈にすると、大学生は「消費はお金を浪費すること。もったいないと感じる」、母親は「消費は生きることに不可欠な無駄遣いなので、最低限にしたい」とまとまりました。その認識はポジティブなのか、ネガティブなのかを分析するＡＩ感情分析の結果は、大学生、母親共にネガティブ度が約20％でポジティブ度の約９％を大きく上回りました。

マーケターは物が売れないことの理由を、物があふれていて消費者が選びきれないからだと考えがちで、商品やサービスの差別化を追求する意向が強いと感じます。しかし今の生活者には、消費は無駄遣いすることなので抑えようという意識があるため、「積極的に買う物を選ぶ」というよりは「買わない物を選ぶ」意識のほうが強い傾向があります。これは若者に限らず、親の世代も共通して持っている感覚です。さらに、無駄遣いでないかの判断においては「自分に本当に合っていると感じられるかどうか」が大きな基準になります。従って、差別化されたユニークな商品やサービスを欲する傾向は弱くなるのです。対して「買わない物を選ぶ」傾向は顕著になってきています。必要な物と不要な物を選別するフィルタリングの判断基準には「エコであるか？　エシカルであるか？」というサステナビリティーを大切したい思いが、特に若い世代には現れています。これからのマーケティングでは、エコやエシカルをユニークさや付加価値としてアピールして売る発想ではなく、生活者が安心して選び、使い続けることを支援すべく、商品・サービスの社会的なオーセンティシティー（真正性）を明示して担保することの重要性が増していくと思います。

「消費」は、英語の「Consumption」を和訳した言葉です。日本では大正時代から昭和初期（１９２０年代）にかけて経済学の用語として使われ始めました。米国では人々が次から次へと積極的に商品を買い求める行為を表す用語として「Consumption」が使われており、当時急速に経済発展していた日本でもこの概念を参考にして「消費」という漢字を当てたといいます。米国で消費（Consumption）というワードがポジティブになったのは、メディアと広告産業が興隆し始める１９２０年代からといわれており、それ以前は「浪費する、使い果たす、価値をなくす」といったネガティブな意味で使われていました。

なぜ、消費がポジティブになったのか。1920年代の米国の世相を考えてみます。大衆車T型フォードの発売（1908年）から10年がたって都市部でカーライフが普及し、家庭にも置かれるようになったラジオの放送からは、日々、暮らしを豊かにする魅力的な新商品の情報が聞こえてきます。そんな新しい日常に心を躍らせて暮らす人々の様子が思い浮かびます。物を〝消費（＝次から次へと積極的に買い求める）〟することで個人の生活が豊かになって経済が回り、社会全体の幸福感も増していったこの時代では、消費を喚起する広告とマーケティングの意義は、社会で共通認識されていたと推測します。

それから100年後、2020年代の日本に暮らす私たちの消費への認識は、ネガティブなものへと戻りはじめています。2030年を目前とする今、消費がポジティブだった100年間が終焉しようとしています。「消費は無駄遣いにつながり抑制したい」後ろ向きのマインドからは、購買行動は社会で共有可能な価値を減じる活動となってしまいます。購買行動が社会共有価値を高める活動として活発になるためには、人々の将来に対する思いをよりポジティブにシフトする必要があります。「みんなで協力すれば明日は今日よりも明るくできる。社会はよりよい方向に向かっている」と実感できるように人々をサポートし、新しい時代に向けての価値共創活動を主導する役割をマーケターに期待します。

プラスサムな社会をつくる新しい消費のかたち

では、新しい消費のかたちはどのように描いていけるのでしょうか。鍵は、マーケターの消費マインドを転換することだと考えています。

みなさんは「SDGsウエディングケーキモデル」をご存じでしょうか。ストックホルム・レジリエンス・センターの所長、ヨハン・ロックストローム氏が作成したモデルで、SDGsの17の目標が互いに密接に関係していることを図示しています。同氏はSDGsの17目標を「経済圏（Economy）」「社会圏（Society）」「生物圏（Biosphere）」の3つの階層に分類し、それら3層の調和がSDGs達成のために必須であると唱えています。そして下の階層が堅固であってこそ、上の階層が成り立つという関係性を説明しています。

SDGsウエディングケーキモデル

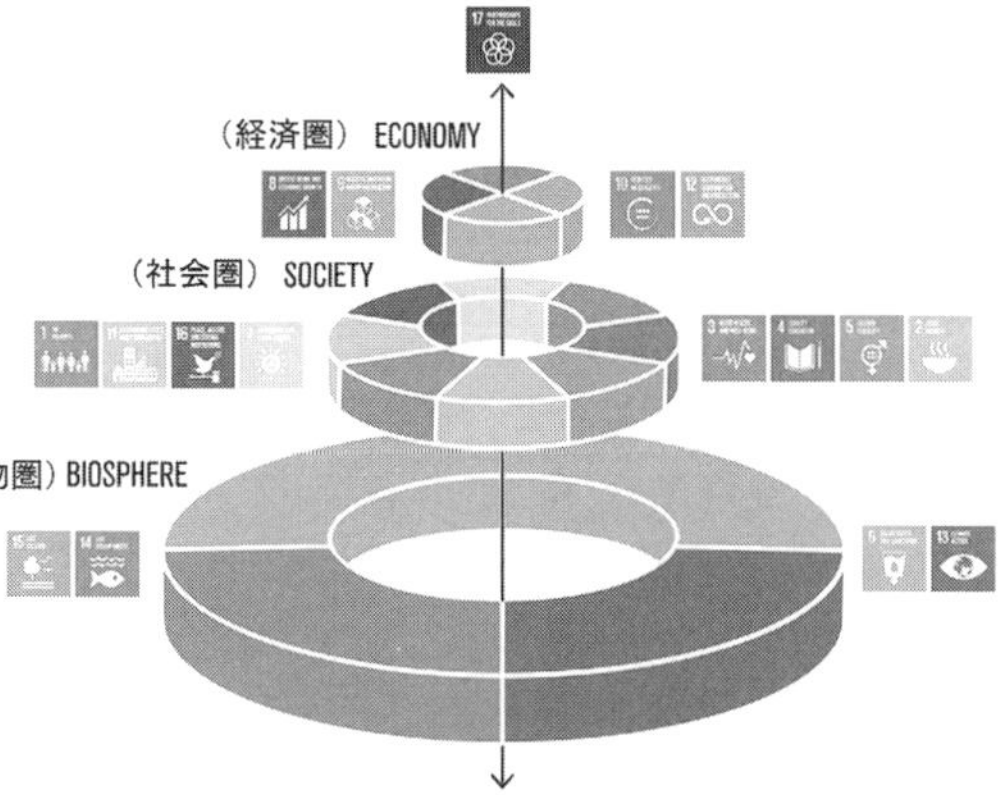

Credit: Azote for Stockholm Resilience Centre. Stockholm University CC BT-ND 3.0.（農林水産省多面的機能支払推進室が一部翻訳を追記）

この関係性は、サステナブル時代における企業の経営環境の考え方にも応用できます。企業は経済圏（市場経済）で事業活動を行いますが、企業と事業が持続成長できる前提には、社会圏（人間社会）と生物圏（地球環境）への配慮を伴う取り組みが必須です。この考え方は、ＪＭＡが定めた新しいマーケティングの定義と重なります。そして、これからの時代におけるマーケターの社会的立ち位置、すなわち存在意義について多くの示唆を得ることができます。

ＳＤＧsウエディングケーキモデルを参考に、私が描いたポストＳＤＧs・新消費

SDGsウエディングケーキモデルを参考とする、
ポストSDGs・新消費のコンセプト図

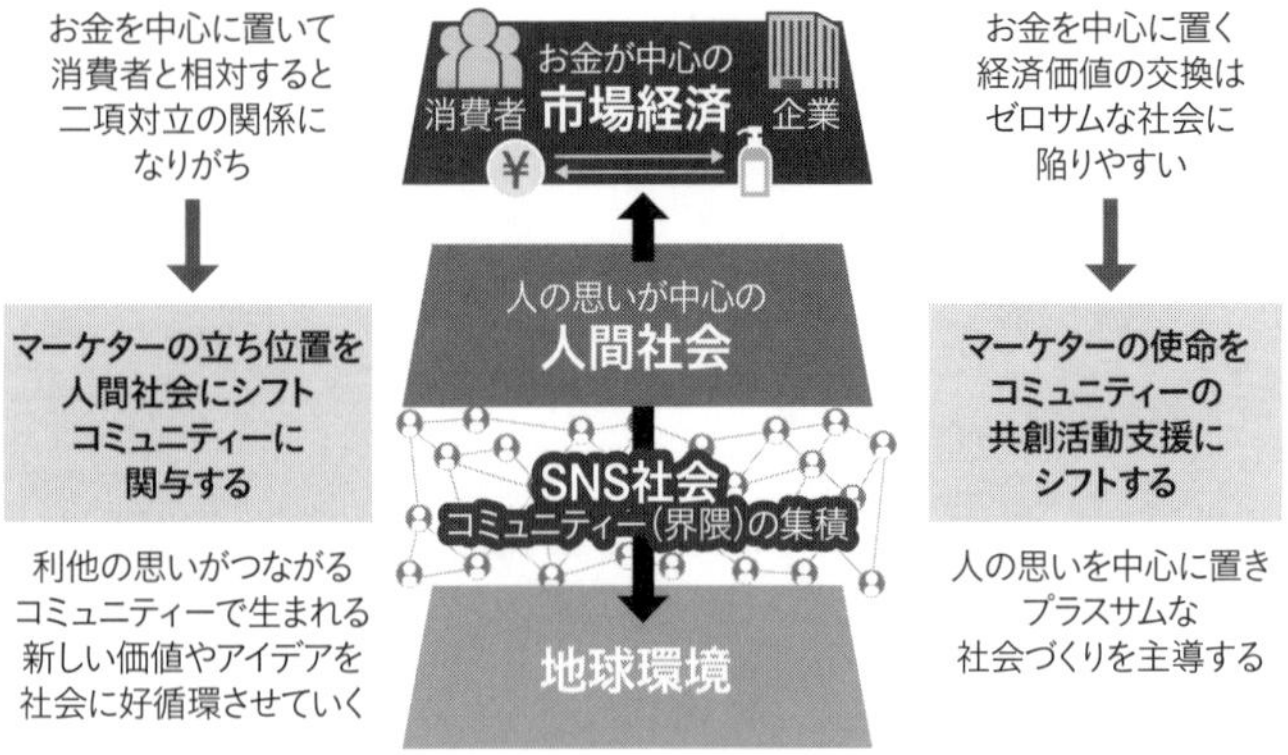
お金を中心に置いて
消費者と相対すると
二項対立の関係に
なりがち
マーケターの立ち位置を
人間社会にシフト
コミュニティーに
関与する
利他の思いがつながる
コミュニティーで生まれる
新しい価値やアイデアを
社会に好循環させていく
お金が中心の
消費者
市場経済
企業
¥
人の思いが中心の
人間社会
SNS社会
コミュニティー(界隈)の集積
地球環境
お金を中心に置く
経済価値の交換は
ゼロサムな社会に
陥りやすい
マーケターの使命を
コミュニティーの
共創活動支援に
シフトする
人の思いを中心に置き
プラスサムな
社会づくりを主導する

のコンセプト図をご覧ください。これからの時代にマーケターが活動するフィールドは「市場経済」から「人間社会」「地球環境」の3つの層全体に拡張すると考えています。

SDGsが社会の規範になる以前にマーケターが活躍する主フィールドは「市場経済」で、貨幣と商品の価値を交換する経済取引を促進し、経済を好循環させることがマーケターに期待される社会的な使命でした。マーケターは消費者に寄り添って施策を考えようとするものの、お金を中心に置いて価値交換する経済活動に専念するほどに、売り上げ増大を目的とする企業側の立ち位置にならざるを得ず、消費者が期待している便益と二項対立してしまう関係になりがちでした。

サステナビリティーの考え方が社会に浸透していくと、人々は消費することは価値を減じて浪費する「もったいない行動」と感じるようになり、消費行動を抑える傾向が顕著になってきました。お金を中心に置く市場経済は、「誰かが利益を得ると誰かが損をするゼロサムな世界で、サステナブルでなく生きづらい」という印象が社会に生まれていきます。

消費をネガティブに捉えている生活者を顧客と捉えて、お金が中心の「市場経済」のフィールドに見つけることは難しくなっています。生活者は人の思いが中心の「人間社会」で暮らしているからです。そして現代における人間社会はＳＮＳ上のコミュニティーも大きな基盤となっているため、「ＳＮＳ社会」として捉えることもできます。そして今や生活者の購買行動は、ＳＮＳ上のコミュニティーの影響を多分に受けて発生しています。このことを鑑みても、マーケターは自身がよって立つ場所を「市場経済」から「人間社会」のフィールドへとシフトしていく必要性が増しています。

SNS社会で高まっている人々のニーズは、一言で表すと「自己実現ニーズ」です。自己実現ニーズとは、社会の中で自分らしさを実感でき、今の自分にOKと言える自己肯定感、そして自分が誰かの役に立っていると実感できる自己有用感、この2つの思いを高めたい欲求と説明できます。

市場経済がお金を中心に置く社会とすると、人間社会は人の思いを中心に置く社会です。SNSの進展によって他者から見られる自分を強く意識するようになり、人々の「承認欲求」は高まっています。同時に、他者の生活を日ごろから知れるようになったことで、他者への思いも高まり、これは「誰かの思いを応援したい」「誰かの役に立てるとうれしい」という、「利他の思い」の高まりにもつながっています。「利他の思い」が高まっている環境があるからこそ、人の思いをつなげていくことで、生まれた価値をお互いに高め合い育てていけるプラスサムな社会を実現できるはずです。

利他の思いは、他者の思いに触れて感じた共感や、それを応援したいという気持ちに現れます。その思いを持った人たちがつながるコミュニティーが〝界隈〟です。界隈の中では、お互いに尊重し合い、助け合い、高め合いたいという思いの熱量から、新しい価値やアイデアが生まれていきます。そしてこの熱量が界隈につながる人たちの購買行動を動機付けします。よってマーケターの新たな使命は、コミュニティーの共創活動を支援することにシフトします。共創活動の支援には、安心して居心地よくいられる界隈づくりから、界隈内で生まれた新しい価値やアイデアを社会に好循環させることも含まれます。こうした使命を全うし、マーケターがプラスサムな社会づくりを主導することを期待します。

プラスサムな社会をデザインする際には、「エコシステム」と「利他の思い」がキーワードとなります。ビジネス界におけるエコシステムとは、様々な機能を有する人や組織が連携することによって大きな社会課題を解決できるだけでなく、連携する関係者それぞれが利得を享受できる構造のビジネスモデルを指します。

α世代の母親の「消費すること」に関するパーセプション比較

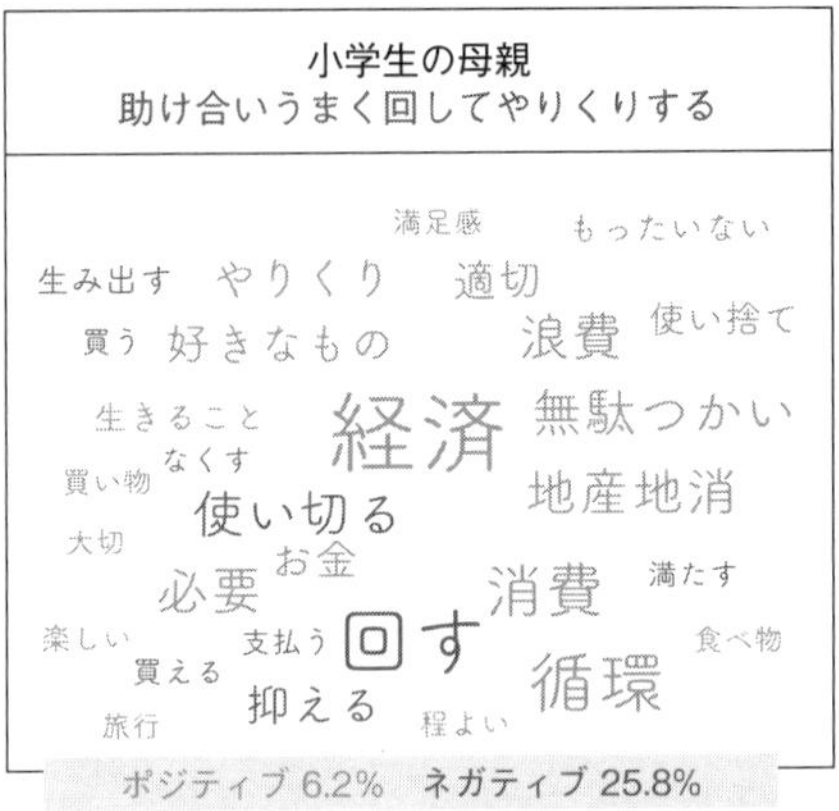

出典／産業能率大学 小々馬ゼミ　インテージ共同調査「Z/α世代の母親を対象とする全国調査」(2022年9月) 小学生の母親 311サンプル

そしてもう一つは、他人を思いやる利他の思いです。利他の思いは、英語のペイフォワード（Pay it forward）の感覚が近いと感じています。ペイフォワードは、直訳すると「先払い」という意味ですが、善意をくれた本人に恩を返す代わりに、他の誰かに（その先に）善意を送るという考え方です。日本にも同様の意味合いで「恩送り」という考え方があります。「恩送り」の本質は、「情けは人のためならず」ということわざに言い表されているのですが、「人に思いやりを示すことは、その人のためだけではなく、バトンを渡すように巡り巡って自分の幸せとして戻ってくる」という、人の善意や徳を社会にうまく回していくことで、みんなが幸せ！という考え方です。

Z世代の大学生と母親の消費への認識を前段で紹介しました。この調査はα世代の小学生の母親にも実施しています。その回答からは「利他の思い・恩送り」の感覚が芽生えていることを感じ取ることができました。

消費することをネガティブに捉えていることは大学生の母親と同様なのですが、大学生の母親は「消費は生きることに不可欠な無駄遣いなので最低限にしたい」という希望があったのに対して、小学生の母親から「助け合いうまく回してやりくりする」という積極的な態度を確認できました。これは母親の回答の比較ですが、Z世代からα世代への消費マインドの変化の流れとも読み取れます。

「助け合いうまく回してやりくりする」。この言葉には、お金を掛けなくても物を貸し借りし合ったり、不要な物と交換したりすることを通して、同じ思いの人とつながり、みんなで幸せにやりくりできるという、利他の思いが表れていると思います。普段からフリマアプリやクラウドファンディングなどに親しんでいることが、この感覚を形づくっていると感じます。

「生活者からお金をもらわない」ビジネスに機会あり

これからの時代、こうした利他の思いを反映したモデルには、大きなビジネス機会があると考えています。

マーケターは、お金を中心にしたビジネスモデルに慣れ親しんでいます。顧客からお金を受け取ることでビジネスが成り立つため、顧客の可処分所得をいかにして自社に向けるかを考案する癖が付いています。しかし今の時代は、例えお金を出すことはできなくとも、自分の時間や労力を応援したい他人のために使うことを惜しまない、推し活のような活動がメジャーになっています。見返りを求めずに応援し、応援することで自分も幸せを感じられる。この利他の思いをくんだビジネスは、今後拡大するのではないかと思います。そしてこのようなビジネスが中心とするのはお金ではなく、人の思いの熱量です。

思いの熱量を中心としたビジネスモデルの例を見てみましょう。例えば、スポーツチームを応援するためのクレジットカードがあります。このクレジットカードに加入すると、カードを利用してたまったポイントが自分には還元されず、自分が応援するチームに資金として渡ります。利用者はこのクレジットカードで買い物をするだけで、追加の出費をせずに好きなチームの運営を支援できるというエコシステムになっています。

この例から分かるように、エコシステム型のビジネスは次の3つを整備することで構築することができます。

① 人の思いが集まる場を創造する
② そこで生まれる活動の熱量、または熱量から生まれる価値をポイントなどで数量化

2030年代のマーケターに求められる「メタ認知」

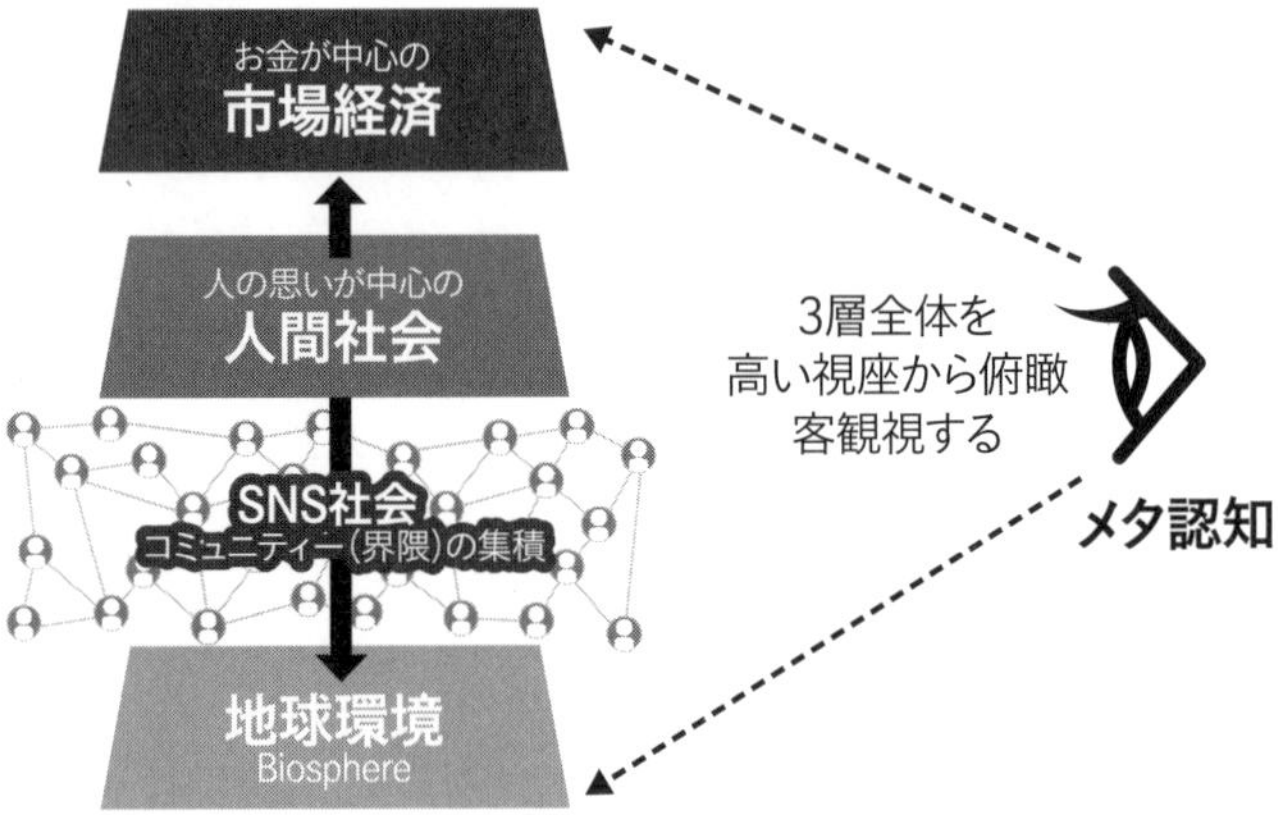

する

③たまったポイントをマネタイズできる組織と連携して経済価値に変換する

クレジットカードの例では利用者はお金を使っていますが、要は参加者の行動量や熱量をポイントなどで数量化して恩送りすることで、生活者の自己実現（自己肯定感と自己有用感）を支援するということです。

エコシステムなビジネスモデルや、金銭以外を軸としたビジネスアイデアを考案することで構築される〝プラスサム〟な社会をデザインするために、マーケターは「市場経済」「人間社会」「地球環境」の3つの層を高い視座から俯瞰し、全体の調和を考えることが必要です。そしてこうした思考を実現するには、「メタ認知」のセンスを養うことが求められます。

第1章で紹介した通りα世代には、メタ認知を養う教育が始まっています。この世代が社会の中心となる2030年代においては、高い視座から物事の本質を捉えて語ることが、当たり前となっていくことでしょう。メタ認知に関しては、第5章でも解説します。

SNS時代の新・購買モデル「EIEEB」とは

では今後、生活者の購買行動はどのように変容していくのでしょうか。私たちの研究室は、SNSを生活インフラとしている若い世代の購買行動を理解するために調査研究を続けています。

調査研究の中で、Z世代の女子大学生に化粧品を購入するまでの流れを描いてもらいました。その流れは以下の通りです。実際に購入するまでにかなり時間を掛けて、慎重に進んでいくことが分かります。

① 何となくスマホで面白いものを探して見ているときに、Instagramで化粧品の投稿を見つける
② 「いいな〜」と気になり、Instagramの保存機能で商品の画像を保存する
③ 後日思い出して、保存した画像からYouTubeに飛んで商品の使用動画をチェックする
④ 時間を置いて見直してもときめいたので、「これは自分（の感性）に合っている」と実感する。ここからようやく購入を前提として情報をサーチし始める。「本当に購入してもよさそうか」、SNSで使用者の体験投稿や口コミなどを検索
⑤ 美容系インフルエンサーが投稿するその商品の使用動画を見て「（機能的便益も）自分に合っていそう」と思う。そのインフルエンサーの投稿が信頼できるのかを判断したくて、インフルエンサーが普段の生活で実直であることがうかがえる情報をSNSで探して

確認する。親しい友人にも聞いてみて「いいんじゃない！」と購買の背中を押してもらう

⑥その商品を購入して失敗したくないため、お店に行き商品を自分の目でちゃんと見て「本当に自分に合っているか」を確かめてから買う。お店で買うのは、購入することを、ときめくイベントにしたいから

⑦自分が商品を購入、使用した際に味わったときめきを周りの誰かにも感じてほしいので、「みんなもやってみて！」という気持ちでInstagramに投稿する。

⑧この投稿が次の人が商品と出合うきっかけとなる。ＳＮＳ上で投稿がループしていき、次の人から次の人へと商品との出合いが広がっていく

この一連の購買行動をまとめたのが、ＳＮＳ時代の新・購買モデル「ＥＩＥＥＢ（イーブ）モデル」です。このモデルは特にＺ世代が考える、理想的な購買プロセスを可視化したものです。

SNS時代の新・購買モデル「EIEEB」

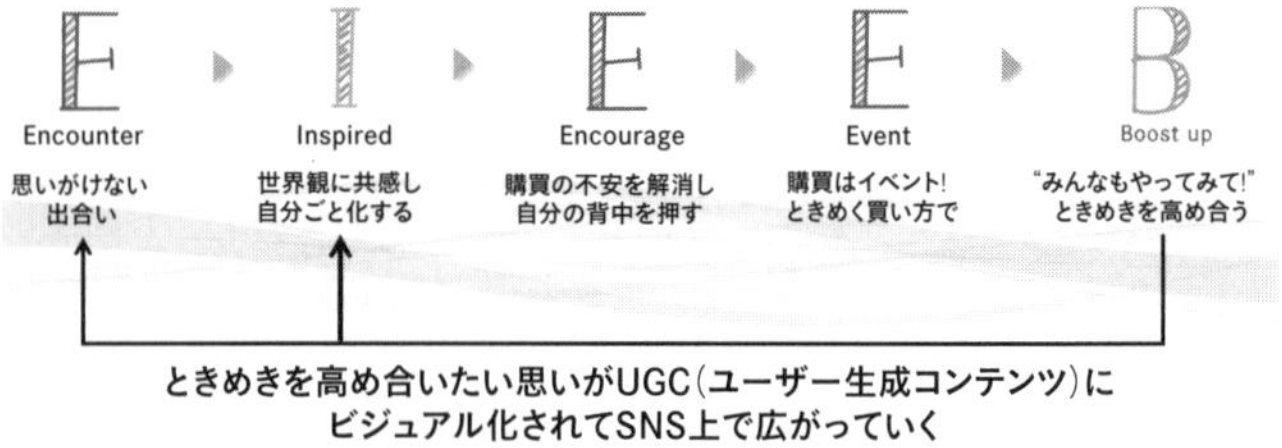

産業能率大学 小々馬 敦研究室

Encounter　SNSの投稿で思いがけなく商品と出合う

Inspired　投稿者や画像の世界観に共感し自分ごと化する

Encourage　購買の不安を解消し、自分の背中を押す

Event　最もときめく買い方で購入する

Boost up　みんなにもときめいてほしくてSNSに投稿する

ときめきを高め合いたい思いがUGCとなり、SNSで広がっていく（次の人のEncounterとなる）

このモデルについて詳しく見ていきましょう。

「私たち（大学生）は、ＡＩＤＭＡ（注意↓関心↓欲求↓記憶↓行動、という購買決定のプロセス）やＡＩＳＡＳ（注意↓関心↓検索↓行動↓共有、という購買決定のプロセス）の流れでは買い物をしていません」。ゼミ生たちのこの発言がきっかけとなり、ＥＩＥＥＢモデルが生み出されました。「では、どのように買い物をしているの？」と買い物についての話が盛り上がっていく中で、様々な興味深いインサイトを発見できました。

まず、「ジャンル」の捉え方です。マーケティングには「カテゴリー・ニーズ」という概念があります。人々が何かを欲するとき、つまりニーズの発生は、頭の中にある何かしらのカテゴリー認識と合致して起こるという考え方です。ブランディングの際には、このカテゴリー・ニーズとのレレバンシー（関連性）が大切とされます。しかし学生たちはカテゴリーではなく、しばしば「ジャンル」という言葉を使います。商品との最初の出合いは、企業が定義して使う商品カテゴリーの中からどの商品がいいのかを探して見つけるよりも、自分にとって興味のあるテーマがあり、それをかなえるものを見つけていて、たまたま気になる商品を見つけるというプロセスで自分ごと化していくことの方が多いそうです。

ジャンルは、前項で触れた「界隈」の概念につながります。購買はジャンルを軸として行われているので、界隈を理解することはこれからのマーケティングの鍵となると感じます。

話を大学生の購買プロセスに戻しましょう。学生への質問を変えてみました。「では、みんなはどのように買い物をしたい？　どのような買い方にはストレス感じる？」

「商品に出合ってから購入して使うまで、ずっとときめいていたいです」「ときめきが途絶えることが嫌です」という意見が出ると、多くの学生が「それな！ 分かる！」と口をそろえます。ちなみに、学生たちの「それな！ 分かる！」は共感の合図で、この反応で場が盛り上がるときは、大切なインサイトの発見に近付いていると感じます。

ここでは「真実の瞬間（ＭＯＴ）」についてのインサイトを発見しました。顧客が商品の購買を決定する瞬間を「真実の瞬間」、英語でＭＯＴ（Moment Of Truth）と呼び、マーケターはこの瞬間をずっと追い求めてきました。マーケターが顧客の購買プロセスをモデル化するとき、多くの場合は、購買行動（Action）をゴールとします。そのため、広告プロモーションを計画する際には、感情が高まるピークを購買時とその前後に置きがちです。しかし学生たちは「購買体験全体を通してときめいていたい」と言います。マーケターが考えるピークと学生が考えるピークにギャップがあることが、「広告はうざい」と思われる一因となっているのかもしれません。ずっとときめいていたいのに、あからさまに購買に誘導していく広告プロモーションには、押し付けを感じてうざい！と思うのです。

ＥＩＥＥＢは、１００年前に提唱されたＡＩＤＭＡモデルをオマージュしています。ＡＩＤＭＡは、消費者の購買決定プロセスを説明する代表的なモデルです。１９２０年代に米国の広告実務書の著者、サミュエル・ローランド・ホールが提唱しました。私たちは購買プロセスを研究するに当たり、ＡＩＤＭＡを先行モデルとして、モデルが生まれた当時の社会と生活者の心理状況を察してみました。前項で、１９２０年代の米国は高度経済成長期にあり、消費がポジティブな時代であったと紹介しました。人々は好景気を謳歌し日々進化していく生活に心を躍らせ、ショッピングにときめいていました。ＡＩＤＭＡはそん

EIEEBモデル探求の沿革

2018年	4期生が若者層の新購買モデル“EIEEM”を定義 「日本広告学会・クリエーティブフォーラムにて学生MEP（最も印象的であった賞）を受賞」 産学連携による共同研究が始まる
2019年	若者研究公開セミナーにて、4期生が”EIEEMモデル”を発表 5期生が『日経広告研究所報308号』学生論文を投稿 「Z世代に見え始めている新しい購買行動」-ずっとときめいていたいをかなえる”EIEEM”モデルの提言-
2020年	6期生により”EIEEB”モデルに進化 『ミライ・マーケティング研究会』で発表 2021-22年インテージ社との共同調査により”EIEEBモデル”を3世代（X世代・ミレニアル世代・Z世代）に当てはめ、妥当性を検証、統計的有意性を確認
2023年	マーケティング学会にワーキングペーパーを寄稿 「EIEEB：Z世代を想定した新しい消費行動モデルの提示と定量的検証」
2024年〜	α世代への当てはまりを確認し、モデルの進化を検討する

なときめく購買体験を描いていると考えて、自分たちもそれから１００年後のときめく購買体験を描いてみようとＥＩＥＥＢモデルを導出しました。

実はＥＩＥＥＢには、先行するモデル「ＥＩＥＥＭ」があります。１９９７〜98年生まれのＺ世代の中でも上の年齢層に当たるゼミ生が、２０１８年に立てた初期モデルです。このモデルのポイントは、名称末の〝Ｍ〟にあります。インターネット普及後の購買モデルであるＡＩＳＡＳには、「Ｓ＝Share（共有）」が入っていますが、18年当時の大学生はＳＮＳへの投稿を

「共有」と捉えていなかったのです。「私たちが投稿するのは共有したいからではありません」と言います。彼ら彼女らはShare（共有）ではなく、「周りの人が投稿する幸せそうなシーンやすてきな世界観を、私もまねてみた」という感覚らしいのです。これを受けて、ＥＩＥＥＭモデルではＭ（Mimic、まねする）というワードで表現しました。インターネットを通じて、人から人へとまねが広がっていく文化や行動のことを「インターネットミーム」と呼びますが、まさにその感覚です。

それから2年後の20年にＥＩＥＥＭをＥＩＥＥＢにアップデートします。ＥＩＥＥＭを考案したゼミ生の2年後輩となる00年生まれの学生たちは、「私たちはまねをしている感覚ではない」と、感覚の変容が見えたからです。ではどのような感覚なのか、表現してもらうと「みんなにも同じようにときめいてほしいという気持ち」が見えてきました。買った物をＳＮＳに投稿するときの感情を言葉にしてみると「高め合いたい＝Boost Up」から浮かんできたので、モデルの末尾をＭ（まねする）からＢ（高め合う）に進化させました。

EIEEBをマーケティングに生かすには

では、EIEEBモデルはどのようにマーケティングの実務に活用できるのでしょうか。プロセスごとにポイントを説明します。特に、商品と出合ってから購買を決めるまでの選別プロセスと、購買後にSNSに投稿するプロセスに注目してください。

EIEEBは隙間時間に起こりやすいため、隙間時間に商品との出合いをつくることが大切です。隙間時間とは、1日の中にある大切な出来事やイベントの間にある時間のことで、大学生の場合は通学時間、授業やアルバイトの休憩時間、帰宅後の就寝前の時間などです。短い時間とは限らず、例えば、帰宅してから就寝前までにドラマを見た時間、というように数時間にわたる場合もあります。大学生はこの隙間時間に、スマホの中に何となくときめくことを探しています。この時間に起こるのが最初の「E」、思いがけない出合いです。

EIEEBモデルで表す、SNS時代の購買プロセス

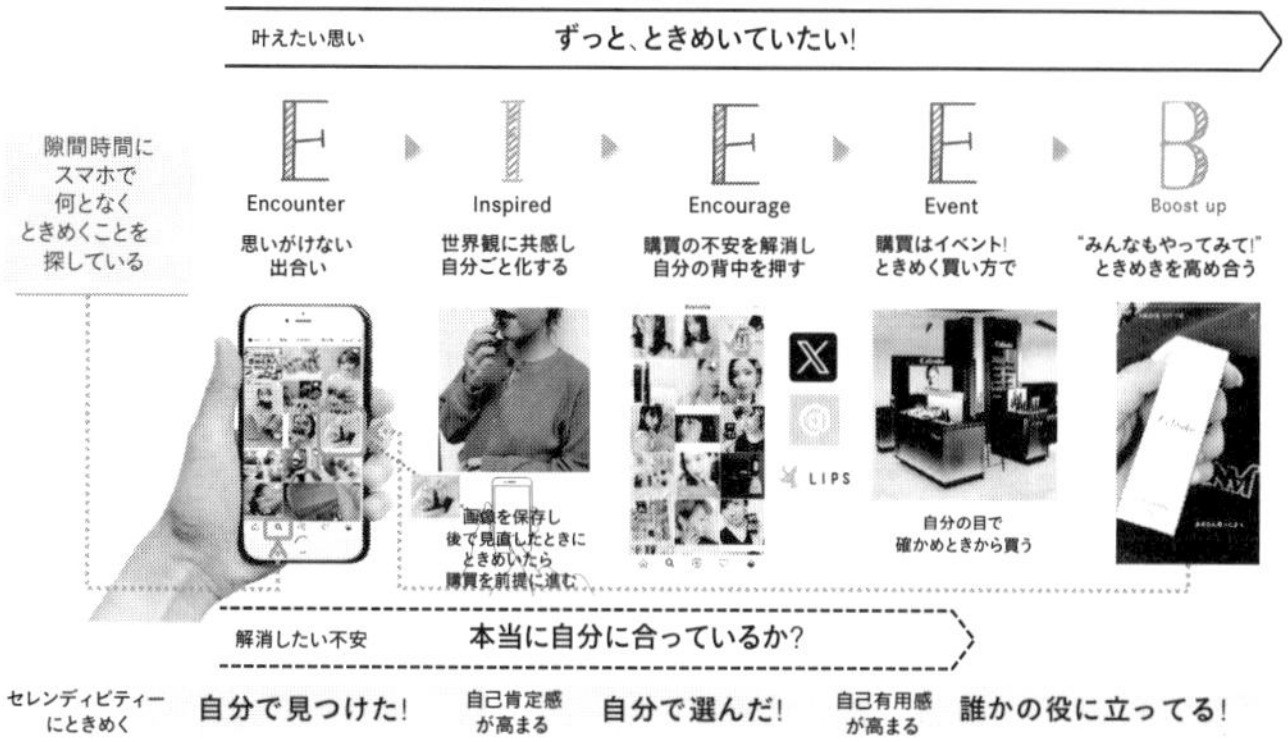

E（Encounter）思いがけない出合い

最初の選別（スクリーニング）　スマホに保存されるかが明暗を分ける

SNSで魅力的に感じる画像が目に入ってくると、とりあえずスマホの中に保存します。気になる商品に出合う場所は、スマホの画面上が圧倒的に多いのですが、お店で出合うことももちろんあります。その際にも、SNSでその商品の画像を探してスマホの中に保存しておきます。そしてこれらの画像は、ジャンル別に名前を付けたフォルダの中に保存されます。Z世代は慎重に購買を検討するので、このフォルダの中にある商品を購買検討のプロセスに進めるの

で、画像がスマホに保存されるかどうかは重要です。

保存するかしないかは、自分の世界観と合っているかどうかによって判断されます。直感的に判断されるため、自分もまねできそうな、UGCのように親しみやすい画像が好ましいです。反対にプロのクリエーターが作成するビジュアルは完成度が高すぎて、自分ごとにできずスルーされることがあります。自分の世界観に溶け込ませる余地を感じられないのです。

I（Inspired）世界観に共感し自分ごと化する
第2の選別　セレンディピティーの体験でつながりを強化

保存した画像を後で見直してもときめきを感じれば、さらにSNS上で商品に関する情報を集め、自分の世界観に合っているかをチェックします。「自分の世界観に合っていそう」と実感できると、購買を前提に情報を検索する次のプロセスに進みます。

「自分の世界観に合っている」と実感してもらいやすくするには、より多くのUGCが容易に見つかることが助けになります。商品・ブランドの公式アカウントが主導して、関連するUGCを集めて一覧しやすくしたり、すてきなUGCをほめたり、ユーザーが投稿をまねて画像を生成できるツールを提供したりするなどで、より多くの投稿が生まれるように支援することが有効です。ここでのポイントは、「気分がときめく商品を自分で見つけた！」と実感できるように支援することです。自分で見つけた感覚があることで、すてきな偶然の出合いを引き寄せた＝セレンディピティーがあるとしてときめくことにつながり、商品との感情的なつながりが強まります。

E（Encourage）購買の不安を解消し自分の背中を押す

第3の選別　情報に効率的に接触できるよう支援

商品情報の検索とシェアは、この時点で頻繁に行われます。この時点では、「本当に自分に合っているか？」という不安を解消したい思いが高まっています。

Z世代は、いい面とよくない面の双方を知って納得した上で、商品を購入したいと考えています。そのため、信頼できる情報源、友人、インフルエンサーや使用者の口コミと公式アカウントの商品情報を照合しやすいように配慮することで、納得感を持って「自分で選んだ！」として自己肯定感が高まります。残念なことに「広告・PR案件は企業に都合のいいことしか言わない」と思われているので、情報源からは外されてしまいます。

ここでZ世代が知りたいのは、「本当に自分に合っているか？」なので、自分と趣向が似た人、背格好が似た人、肌質が似た人など、自分を投影できるユーザーの体験談が見つかるように機会を提供することが喜ばれると考えます。また、生活動線内にポップアップショップを設けて、実際に自分の目で確認できる機会を提供することも助けになります。このように、購買に関する不安を解消し、自分に合っているから大丈夫だと納得できるように、知りたい情報に効率的に接触できるよう助けることが、購買決定の背中を押すポイントです。ここで不安が解消されたら、いよいよ購買のプロセスに移っていきます。

ちなみに、Z世代は衝動買いをしないと報告していますが、インタビューすると「衝動買いをした」という声を聞くことが多くあります。ただしよく聞いてみると、Z世代にとっての衝動買いが、私たちが考える衝動買い、すなわち「商品との出合い頭に衝動を受けて即購入した」という感覚とは異なることが分かります。Z世代の言う衝動買いとは、このEncourageのプロセスで情報を調べ、「やっぱり自分に本当に合っている！」と納得できたことがうれしく、そのときめきが衝動となって買ってしまったという感覚です。衝動買いといえど、情報を調べた上で購買しているのです。

E（Event）購買はイベント！　ときめく買い方で失敗しない、ときめく買い方を

いよいよ、購買のプロセスです。Z世代は購買をときめくイベントにしたい思いがあるため、最もときめく方法で購入します。多くの場合は、お店に行って購入することをイベントとします。特に初めて購入する商品は、お店に行って自分の目で確かめて購入するこ

とで失敗の不安が払拭され、ときめく購買体験を万全のものにできます。リピート購入の際には、もう失敗する心配がないので、ネットなどの便利でより安く買える場所を探して購入することが多くなります。

B（Boost up）みんなもやってみて！　ときめきを高め合う

自分の投稿が誰かの役に立っていると自己有用感が高まる

購買でときめきは終わりません。商品に興味を持って購入するまでに自分が味わったときめきを、みんなにも感じてほしいという思いから、SNSに画像や動画を投稿します。この投稿が、次の人の思いがけない商品との出合いとなることを感じて、自分も「誰かの役に立っている」と自己有用感が高まり、ここでもときめきを感じるのです。

Z世代は、購買のプロセス全体を通じてときめきを求めていることが分かります。マーケターには、ときめきを感じることを支援し、「本当に自分に合っているか？」の不安を解消することが期待されています。

Z世代が見る広告・嫌う広告

ＥＩＥＥＢモデルのプロセス中に、広告の接触機会が見えません。ＥＩＥＥＢモデルでは、広告にいつ接触するのでしょうか。また、広告効果はあるのでしょうか。

結論からお話しすると、〝共感が先、広告は後〟の順序にすることで、広告の効果が向上します。企業・ブランドへの共感を覚えている状態のほうが、生活者は広告を見てみよう、メッセージを解釈しようとする態度と行動が生まれるからです。

そもそも広告は、「商品のいいところしか言わないので参考にならない」と認識されているため、スルーされがちです。そしてスルーされないために広告を面白くしようとすることは、あまり意味がない工夫だと考えます。なぜなら若者世代は、広告に面白さを期待していないからです。面白いコンテンツは、ネット上にたくさん見つかるので広告に期待することは、「その商品が自分に合っているかどうか」の判断に役立つことです。Z世代は「その商品が本当に自分に合っているかどうか」の確証を得るために、関連するあらゆる情報をネットで調べます。

あらゆる情報を参照するZ世代ですが、広告やPR案件は参照しません。それらは信用できる情報源だと感じていないからです。同様に、商品やブランドの公式アカウントの情報も積極的には参照していませんでした。しかし、最近は少し事情が変わっていて、SNSで見つかった口コミ情報が古い情報だったり、PR案件だと強く感じる投稿に嫌気を感じたりする経験が積み重なり、「やっぱりSNSの情報は信用できないから、公式の情報も見ておこう」という気持ちが高まっているようです。これから構築すべき情報受容の流れは、まず公式情報を調べて、不足する情報をSNSで探して比較できるようにする。この流れを支援するのがよいと考えます。

そして広告は「これは公式な情報を届ける広告です」と、広告であることを隠さずに、伝えるべきことを毅然と示すべきです。有効な情報を分かりやすく届けて、選択を助けることを第一の役割とすべきです。広告だと分かりにくい内容にして、広告っぽさを見せないことで生活者の目に留まろうとするものは、選択の役に立たない情報だと認識されてスルーされるので、実は逆効果です。

もう一つ、広告クリエーティブについても留意すべき点があります。広告（ＣＭ）の多くは、商品情報を面白おかしいストーリーに乗せて暗喩的に伝えますが、若い世代は広告のメタファー解釈に手間を掛けません。分かりやすく、通信会社の家族割引サービスについてのＣＭを例に取ってみます。「家族で利用すると料金が割引になる」というベネフィットを面白く暗喩したミニストーリーを展開し、クロージングの数秒に「家族でまとめるとお得！」とクレジットがされます。学生にこのＣＭの印象を聞くと、「面白い」と好意度は高いのですが、ＣＭで何を伝えたいのか分かりにくいと言います。「このＣＭで伝えたいことは、家族みんなで利用するとお得になるサービスだということだよね」と伝えると、「ならばそう言ってくれればいいのに」と返答されました。ストーリー自体は楽しむものの、そこに込められた意味を解釈しないので、商品情報は記憶に残っていないのです。「刺さったCM」「バズったCM」と評される広告にも同じような状況が見られます。「何これ?」と混乱を生むコンテンツほど視聴数は高くなりますが、共感には至っていないので留意が必要です。

暗喩の本来の意味を確認すると、「ものごとを説明する際に、まるで〜のようだ。と分かりやすい対象に比喩すること」であるのに対して、広告のクリエーティブで「ひねって伝える技術」を採用することで、解釈する必要が生じてしまうという逆効果になっていると言わざるを得ません。広告に乗せるメッセージは、実直かつ、認識を助ける明快なものであることが期待されていると思います。

Z世代の大学生の広告の認識に関して、もう少しお話しします。大学生に最近テレビで流れているCMを見せると「知りませんでした」という反応が多いことに驚きます。1キャンペーン、2000〜3000GRP(グロス・レーティング・ポイント、延べ視聴率)

投下しているであろうCMでもです。学生に最近気になる広告を聞くと、SNSに流れてくる動画広告やOOH（屋外・交通広告）が多く挙がります。

広告はリーチしていないのではなく、スルーされています。学生からは「このCM、見覚えはないけど聞いたことはあるかもしれない」という声もよく聞きます。リビングにあるテレビでCMが流れていても、手中にあるスマホに集中しているので、テレビCMは見るのではなくBGMとして聞いている感覚なのです。広告を届ける側もこの状況を知っているので、歌ってダンスしたり、耳に残る音を使ったりしたアテンションが強いCMが最近は多いと感じます。しかしこのタイプのCMも、曖昧には想起されますが、ブランドや伝えたい内容とともに記憶されていることは少ないのです。

では、どうしたら広告を見てもらえるのでしょうか。大学生が広告を見る際には、いくつかの気持ちが影響しています。

1つ目は「推しのタレントが出ているCMだから、広告を見ることで推しの活動を応援したい」という気持ちです。「好きなクリエーター、インフルエンサーを応援したいからPR案件だけど見よう」という感覚も同様です。

この推しを応援する気持ちは、「応援購買」につながるケースがあります。しかしこの購買の動機は推しを応援することなので、商品やブランドへの共感にまでは至らず、リピート購買にはつながりにくいと言えます。

2つ目は、「ありがとう」の思いです。例えばYouTubeの動画広告には、「この広告があるからコンテンツを無料で視聴できるので見ておこう」と思うそうです。ただし、視聴は付き合いの感覚なので、あと何秒で終わるのか表記してほしいそうです。そして、3つ目が「共感の思い」です。「商品のことを調べていたら、つくり手の思いや情熱を知ることができて共感した」というように、商品の背景に見える物語に共感している状態で、「ならば、広告を見てみよう」と能動的な広告視聴につながります。

ですから、企業やブランドの思いへの共感や、緩くつながって応援してもいいという感覚を事前に形成することで、広告の効果は増大するはずです。カスタマージャーニーを設計する際には、広告接触の前に、広報・体験型のプロモーションの接点を設けるべきです。

α世代ではどのような購買モデルが見られそうか

ＥＩＥＥＢモデルがユニークなのは、「プラスサムな社会の価値共創を描いたモデル」であることです。どういうことか、２つのポイントから説明します。

①生活者がマーケターに期待する「理想の購買プロセス」であること

ＥＩＥＥＢは、Ｚ世代が理想とする購買プロセスをモデル化したものです。生活者の理想の購買体験を知ることで、マーケティング施策が変わり、生活者と企業のよりよい関係性と、ひいては経済社会のよりよいあり方を模索できるのではないでしょうか。

また、ＥＩＥＥＢモデルはＺ世代だけでなく、３世代（Ｘ・ミレニアル・Ｚ）に妥当な購買モデルとして実証されています。20年に、日本マーケティング協会と私たちの研究室が共催する「ミライ・マーケティング研究会」で、学生がＥＩＥＥＢモデルを報告したところ、多くの企業の方に興味を持っていただき、ＥＩＥＥＢモデルをマーケティング実務に実装するための産学連携研究が始まりました。その中の一環としてインテージ社と行った共同研究では、ＥＩＥＥＢモデルがＺ世代に限らず、上の世代にも当てはまるのではないかと仮説を立てました。その仮説を基に、Ｘ世代・ミレニアル世代（Ｙ世代）・Ｚ世代の3世代を対象とする調査を実施し、3世代に統計的に適切なモデルであることが実証できました。この研究の詳細は、23年にインテージ 事業開発本部 先端技術部（当時の部署名）の穴澤純也氏と共に寄稿した、日本マーケティング学会のワーキングペーパー『ＥＩＥＥＢ：Ｚ世代を想定した新しい消費行動モデルの提示と定量的検証』で閲覧できます。ご興味のある方はご覧ください。

https://www.j-mac.or.jp/wp/dtl.php?wp_id=129

ＥＩＥＥＢモデルは、世代に関係なく、生活者がマーケターに期待する理想の購買プロセスなのです。

② 高め合いたい思いを社会に循環するモデルであること

ＡＩＤＭＡやＡＩＳＡＳのように、個人の購買行動をアテンション（Ａ）と興味（Ｉ）の認知形成を起点として、アクション（Ａ）（＝購買行動）をゴールとする線形モデルではなく、ＥＩＥＥＢは、世界観への共感を起点として思いのつながりがＳＮＳ上にループし広がっていくことで、コミュニティー同士がつながり市場が顕在化していくことを想定しています。このモデルにのっとってカスタマージャーニーを設計する際には、購買ファネルに沿って消費者を購買点に導いていくのではなく、顧客体験全体を通じて、購買者のときめきが途切れることなくずっとつながっていくことが求められます。また、コミュニティーのつながりを設計することで、生活者の互いに高め合いたい思いがつながっていき、社会に好循環することも期待できます。

ここまでの話をまとめると、ＥＩＥＥＢはＳＮＳで出合う情報への「共感」が出発点となって、共感した対象（人や商品）を「応援」するために購買活動を行い、周りの人と「高め合う」ために情報発信を行うモデルです。一連の行動には利他の思いが共通にあります。このように自分だけの幸せや自己肯定感を満たすのではなく、周囲と一緒に幸福感を高め合い、それを繰り返して社会に循環させていくことが、「プラスサムな社会の価値共創の姿」となるのではないでしょうか。

ＥＩＥＥＢモデルがα世代に受け継がれていくのかは、今最も気に掛かっている研究テーマです。24年現在、α世代の多くは小学生で、自分のほしいものを親に買ってもらっています。しかしα世代の上の年齢層は中学生となり、自分のスマホとアカウントを持って自分でほしい物を購入できるようになっていますので、α世代の消費行動特性が徐々に見えてくるのではないかと、24年から研究調査を実施します。α世代でも、ＥＩＥＥＢモデルの根底にある「ずっと、ときめいていたい思い」「自分に合っているものがほしい思い」そして「利他の思いが購買行動につながる」ことは変わらず受け継がれると考えます。しかしＡＩが日常に浸透することで、ＥＩＥＥＢのプロセスがスマホや、スマホに代わる新たなデバイスの中で自動化されるといった進化が起こると想定しています。

ＡＩが当たり前のツールとして日常的に使われるようになることで、生活者の情報収集には、このような変化が見られるかもしれません。

・信頼できる情報源を決めて、自分で情報をあれこれ探さなくなる
・ＡＩが自分の好みを一番知っている存在になるため、信頼できるエージェントのように活用するようになる。そして情報発信者たるインフルエンサーの役割が代替される

生活者側がＡＩを活用して受け取る情報を制御するようになると、マーケターが向き合うのは、ＡＩエージェントを介した生活者となります。このように未来のイメージが様々に湧いてきますが、最も探求したいテーマは、ＥＩＥＥＢが起こる主な場所として、ＳＮＳ上に顕在化する小規模なコミュニティー(界隈)がより重要となるという考え方です。

STPマーケティングから界隈マーケティングへ

EIEEBモデルで示した購買行動は、Z世代からα世代へと人のつながり方、すなわちコミュニティーの形が変化していくことで、進化していくと考えています。では、これからの時代に人々はコミュニティーにどんなことを期待しているのでしょうか。前述した大学生と小学生、そして大学生と小学生の母親を対象とした調査では、「コミュニティーの認識」についても質問し、自由回答を得ています。

興味深かったのは母親からの回答です。大学生の母親は「適度な距離感でお互いを思いやり助け合う居心地のよい場所」、小学生の母親は「ほどよい距離感でお互いを思いやり助け合うつながり」と、共通の認識を読み取ることができました。

大学生の回答からは「共通の趣味で集まる仲間」「ネットでの出会いやつながる場所」とコミュニティーについての説明的なイメージが見られましたが、インタビュー調査をす

Z世代の母親とα世代の母親のコミュニティーの認識

Q. あなたは、コミュニティーという言葉にどのようなイメージや考えを持っていますか

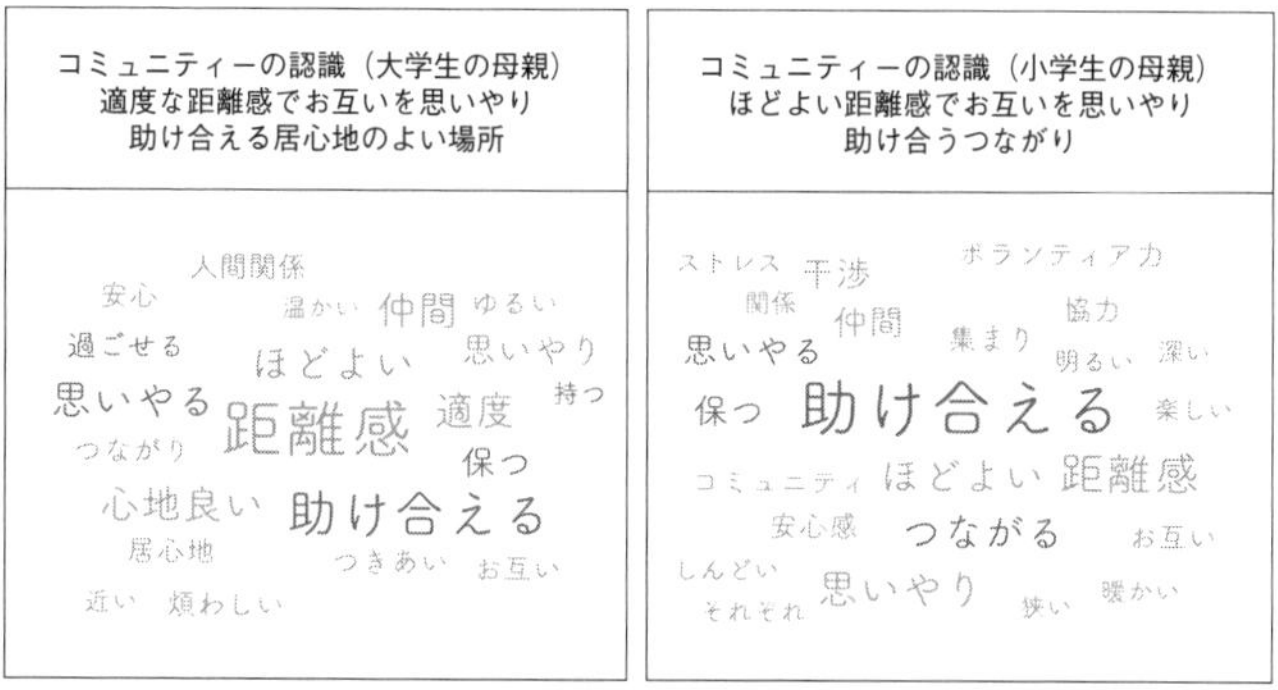

出典／産業能率大学 小々馬ゼミ インテージ共同調査（2022年9月）「Z/α世代の母親を対象とする全国調査」大学生の母親 371サンプル・小学生の母親311サンプル

ると、大学生も「緩いつながり」を好んでいることが分かりました。

大学生にインタビューをすると、「そこまで、他者とつながりたくない」と言います。経験上、「そこまで、」と前置きする後に本音が現れることが多いのですが、「そこまで、つながりたくない」からは、所属したり登録をしたりして、自分の身分を明かしてまで強くつながると面倒なことも起こるので、ほどよく距離を保ちゆるくつながるほうが気が楽だという思いが透けて見えます。コミュニティーに、お互いが尊重される居心地のよさを期待することは、親世代と同じ

大学生のコミュニティーの認識

Q. あなたは、コミュニティーという言葉にどのようなイメージや考えを持っていますか

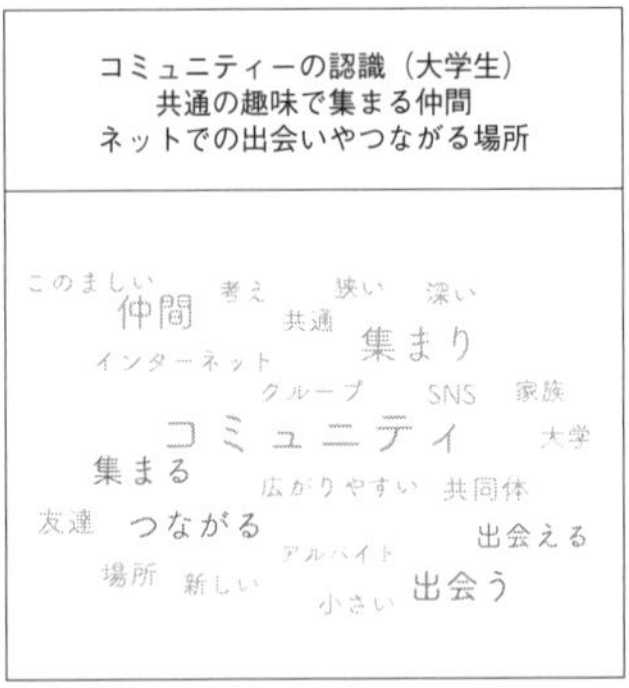

出典／産業能率大学 経営学部　2年生/3年生を対象とする調査（2022年11月）
120サンプル

感覚です。緩くつながることへのニーズは、世代共通で芽生え始めていると感じます。

第3章で、SNS社会の中に生まれ始めている「界隈コミュニティー」について紹介しました。界隈コミュニティーは「緩いつながり」を象徴しています。SNS社会では、人とつながることから生まれるノイズやストレスが多くあります。それをうまく避けたい気持ちが高まることで、ゆるくつながって心地よく過ごせる界隈コミュニティーが、たくさん生まれていくのではないでしょうか。「緩いつながり」はこれからのマーケティングの大切なコンセプトに

STPマーケティングで生じるターゲットグループと界隈コミュニティーの違い

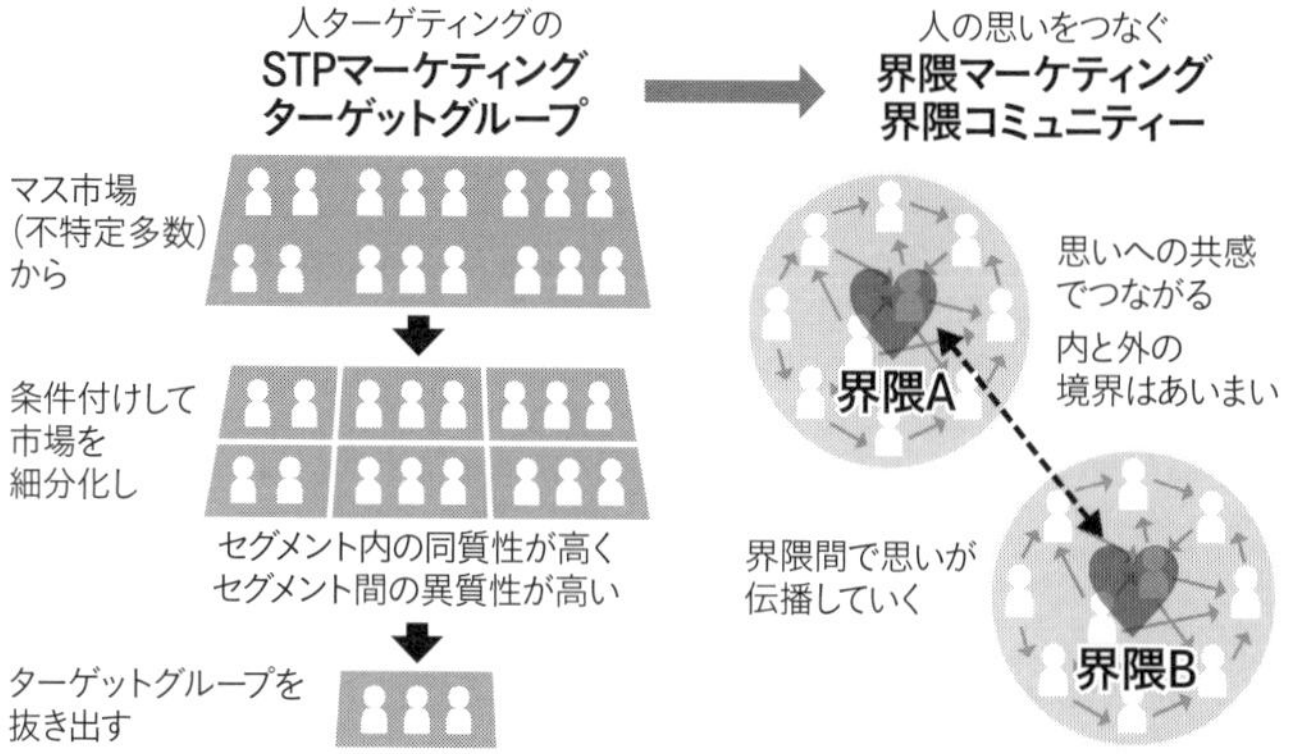

なるはずです。

界隈コミュニティーはSNS上に現れ始めています。そしてそれぞれの界隈の中では、人々が影響し合い消費が活発に行われています。界隈は、顧客が集まる市場機会になっているのです。私たちの研究室では、界隈の中に生まれるグループダイナミクス（熱量）から、より多くの人の行動に導く新しいマーケティングの考え方を、「界隈マーケティング」と仮称して、その可能性を探求しています。

伝統的なマーケティングが「人」を対象

（ターゲット）とするのに対して、界隈マーケティングでは、「人の思い」をマーケティングの中心に置きます。人にダイレクトにつながると、その人がゆずれない価値観とぶつかることもあります。そしてそこから生じるストレスをわずらわしく感じることもあります。お互いに共感しやすい思いに緩くつながる心の距離感のほうが心地いいので、思いで人とのつながりを広げていくダイナミズムが生まれます。

つながり方が変わることで、マーケティングも変わるでしょう。STPを活用したマーケティングと界隈コミュニティーにフォーカスしたマーケティングについて考えてみましょう。

STPマーケティングでは、不特定多数のマス市場を分類して細分化（セグメンテーション）し、その中からターゲットとするグループを抜き出します。そして分類する際には、人の属性やそこから推察される価値観を見て「あなたは○○な人」「○○系の人」などとくくって分けられます。私がマーケティングの実務経験から感じていることは、こうして分けたグループは、実際の社会に実在するわけではないということです。市場調査を行いクラスター分析すれば、どんなセグメントがあるのか、それぞれのボリュームはどのくらいなのか、市場構造をつかむことはできます。しかし、属性ごとに分かれたその集団を実際に見つけることは難易です。定義したターゲットは、自分の妄想なのかもしれないと感じることがあります。

こうした物理的に実在しない集団を対象としてリーチするための手段を検討すると、テレビを中心としたマスメディアに広告を投下して広く網をかけて覆うか、雑誌のように読者がセグメントされているメディアを使って追跡するということになりがちでした。また、ターゲットを設定するに当たっては、「商品を使ってほしい人、本当に必要としている人」を探しているつもりでも、「買ってもらいやすい人、売りやすい消費者グループ」をつい選んでしまうので、短期的な売り上げは獲得できても収益の持続性は乏しい結果となり、また次の機会に同じことを繰り返してしまう。そんなストレスを感じることもありました。

STPマーケティングが体系化された1980年代から90年代は、ターゲティングする手法は理にかなっていて、その効果を実感していました。しかし世紀を超えて、SNSが社会に浸透していく2010年代には、このような人をターゲティングするやり方の実効性が低下している感覚が強まりました。

14年に女子高生と女子大学生を対象とするファッションスタイルのクラスター調査分析を行ったのですが、その際に「なるほど！」と思う発見がありました。分析から、5〜7つの「○○系」ファッションスタイル、系統が見つかりました。ただし、彼女たちには「私は○○系」という意識があまりありませんでした。それよりも、いくつものスタイルを自分の世界観として受け入れていて、その日に行く場所の雰囲気や一緒に行く友人と世界観を合わせて、状況別にいろいろなスタイルを楽しんでいることを知りました。インタビューでは、「自分を○○系女子とくくらないでほしい」という声が多く上がりました。「山ガール」「カープ女子」「カメラ女子」というように、女子を系統でくくる記事が目立った時期でしたが、自分のことを他人に決めつけられることを「うざい！」と感じていたのです。

市場をセグメンテーションする際には、セグメントの内部の同質性が高く、セグメント間は異質性が高いことを原則として設定するので、価値観が同じ人が集まる集団がイメージターゲットとなります。価値観が同じ人が集まる集団には、ヒエラルキーやカーストがあって、集団に先にいる人からマウントを取られることもあります。多様性が尊重されるこの時代では、価値観ベースで人とつながり集まることは、特に若年層からは面倒だと敬遠される傾向が見られます。

多様性が進む時代では、社会の中に多様な価値観やスタイルがあるだけでなく、個々人の中に多様な自分のスタイルや世界観があります。この感覚を尊重せずに、「あなたは〇〇系」とくくってターゲティングするやり方は、生活者から寛容されず、これからの時代では合理的でなくなると予感しました。

価値観ベースの集団に代わる界隈コミュニティーは、第3章で紹介した通り「共通の関心ごとやカルチャー、好きな世界観を持つ者同士で構成されるゆるいコミュニティー（SHIBUYA109 lab.の定義を引用）」です。界隈はSNS上に顕在するので容易にコンタクトでき、その様子を観察することができます。個々の界隈は比較的小規模（数千から数万単位）の集まりですが、人の思いが中心にあり共感でつながっているので熱量が高く、「緩く深い関係」がつくられることが特徴です。共感は互いに高め合い応援し合いたいという空気を生むので、界隈内での相互作用が起こりやすく、新しい価値やアイデアが生まれやすく、購買行動も活発になります。

また、界隈には「内と外」の感覚はあるものの、境界線が曖昧でオープンなので排他的な集団にはなりにくいという特徴があります。そのため一つの界隈で話題になった物やトレンドは、他の界隈に伝播していきます。こうすることでやがて一定程度の規模になり、あるジャンルやテーマに関連する市場が顕在化します。

STPに代表されるような人ターゲティングのマーケティングは、市場を選択して抜き出すアプローチなのに対して、界隈マーケティングのアプローチは、人の思いが社会に伝播・循環していくダイナミズムを活用することが最も異なるポイントです。

ネットワークの分散化により界隈コミュニティーが進歩

人の思いを中心に置いて緩くつなぐ界隈マーケティングへの進化は、SNSが発展する社会において必然だと考えます。界隈マーケティングへの進化と期待することを、ネットワークの進化から整理します。

ネットワークの進化の影響を受けて、マーケティングのアプローチは進化してきました。例えば1990年代には、データベース管理の発展により顧客購買履歴データを見られるようになります。企業が顧客情報を管理して、収益性の高い顧客層を育てるCRMを重視したマーケティングが盛んになります。消費者中心から顧客中心のマーケティングへと転換した時代です。そして2010年代には、ネットワークの民衆化が進みSNSが登場します。影響力のある個人を中心としてつながるネットワークが成長し、インフルエンサーマーケティングの手段が生まれました。

ネットワーク・コミュニティーの変遷と、それに付随するマーケティングの変化

1980年代〜2000年代 消費者中心〜顧客中心の時代	2010年代人間中心の時代をへて 2020年代人の思い中心の時代へ
人ターゲティングの マーケティング	人の思いをつなぐ 界隈マーケティング
優先度の高い消費者グループを ターゲットに設定する	共感で緩く深くつながる サステナブルな関係を育てる
ロイヤリティーの強さや 購買実績によりグレードを付ける	界隈の中の熱量が高い ヒエラルキーをつくらない
収益性の高い顧客を見つけて育て、 顧客LTVを高める	界隈間で思いが伝播し 広がっていく(社会に循環させる)

ネットワークの分散化は、緩くつながるコミュニティーの出現を促進する

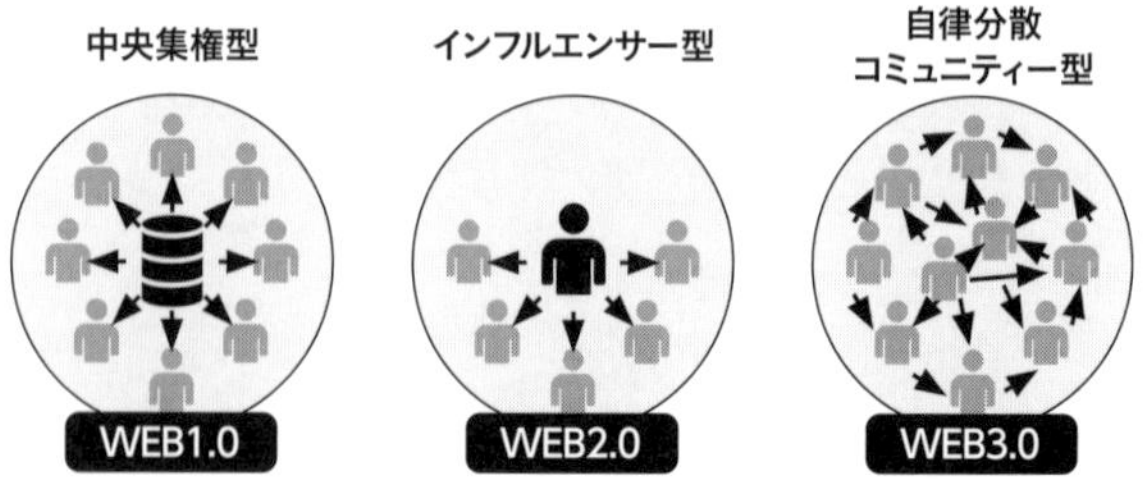

2020年代の現在、ネットワークは中央集権型から自律分散・コミュニティー型へ進化しています。ネットワークが分散化することで、個々のコミュニティーは小規模になるものの、緩いつながりながらも共感の思いで深く通じ合い、長くつながっていられるサステナブルな関係づくりが可能となりました。

α世代は、日ごろからオンラインゲームの中で緩くつながる関係に慣れていて、性別・年齢などの属性に捉われずに自分らしく振る舞える場所を心

地よいと感じています。Z世代も、リアルとSNSの様々なコミュニティーに参加する中で、ヒエラルキーやカーストがあることによるストレスを経験しており、コミュニティー疲れを感じています。ここにSNS疲れが重なっているため、緩いつながりと居心地のよいコミュニティーを志向する思いが強まっています。

界隈コミュニティーに期待することは、ずばり居心地のよさです。身分を明かす必要がなく、気楽に安心してつながれる感覚が重要視されます。次の3つの環境を満たしていることが大切です。

・自分らしさが尊重されると感じられること
・界隈の中の情報を信用できること
・ヒエラルキーがないこと

この思いに応えるマーケティング活動は、受容性が大きいと考えます。

ファンコミュニティーは有効か

界隈コミュニティーでは、企業あるいはブランドと生活者との関係はどうなっていくでしょうか。

マーケターは「ファン」という表現を多用します。自社商品の購入や推奨に積極的に協力してくれる熱量が高いファンを組織化する活動は、事業の将来持続性を高める上で重要な活動であることは変わりません。ですが、生活者側は、企業が主催するコミュニティーに登録や所属することには、「そこまでつながりたくない」と必ずしも積極的ではないことにも留意が必要です。Z世代の大学生は、「そのブランドをいいと思って使っているけれど、ファンかと言われるとそれほどではないので、ファンコミュニティーみたいな場には参加しません」「ファンと決めつけられるのはちょっと嫌。買うほど得するというような報酬で囲い込まれたくない」と本音を口にします。マーケターが思う「ファン」と生活者が思う「ファン」の間にギャップがありそうだと考え、学生たちがよく使う「ファン」「推

大学生が思う、ファン・推し・界隈の違い

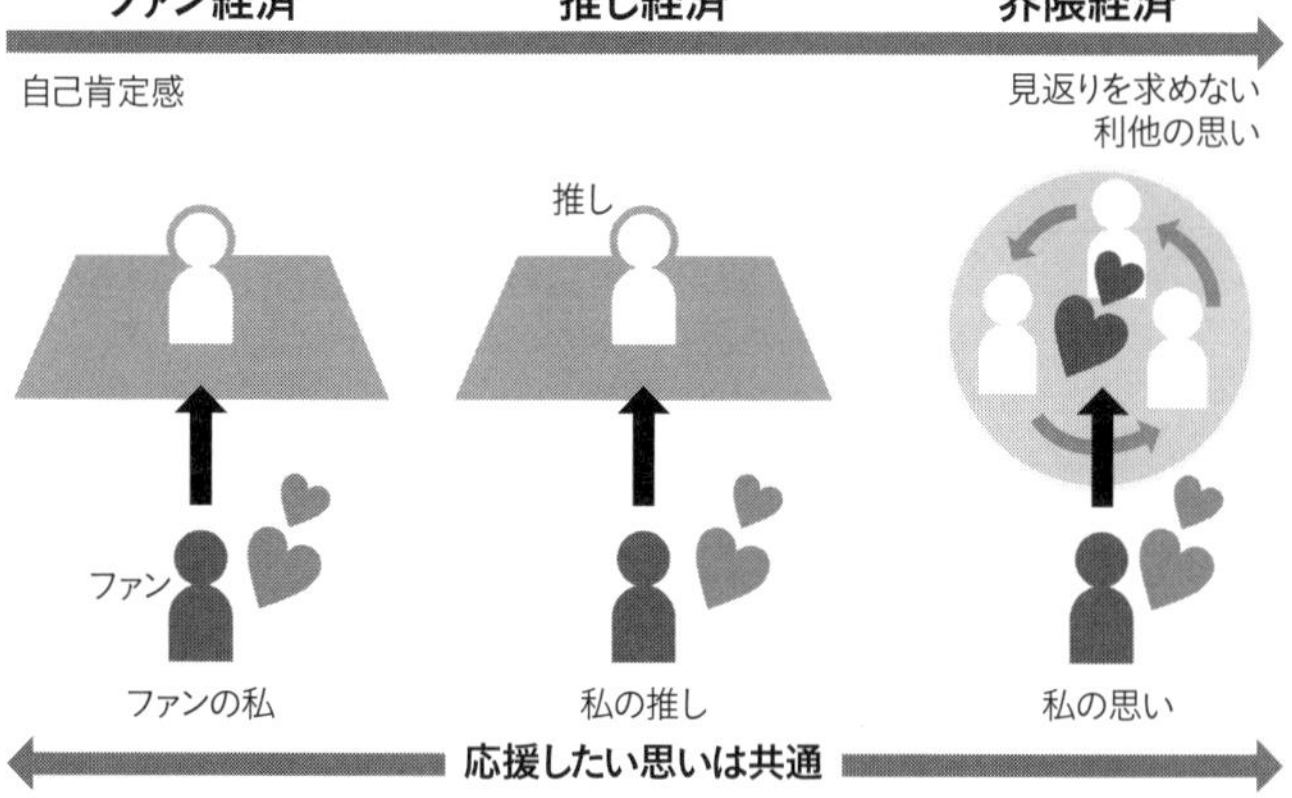

し」そして「界隈」の違いを絵にしてもらいました。それぞれどのような立ち位置の関係なのか、そしてそれぞれでどのようなお金の使い方が発生するのか、「ファン経済」「推し経済」「界隈経済」の観点からも比較します。

3つの概念に共通してあるのは、成長を応援したい気持ちです。もう一つ共通するのが、昭和のアイドル時代や平成のカリスマアイドル時代のファンほどに「憧れ」という意識が強くないことです。異なる点としては、ファン→推し→界隈へと、見返りを求めない利他の思いが強くなることです。

学生はステージの上にいる対象と客席で見ている自分の絵を描き、それぞれの違いについて、分かりやすく説明してくれました。

ファン経済：ステージの上に対象がいて、客席で応援している私が「ファン」です。自分の楽しみのためにＣＤやグッズを購入します。

推し経済：ステージの上に対象がいます。客席にいる私は推しに思いをやり、推しを応援するためにお金に糸目をつけずに貢ぎます。成長していく過程を一緒に実感したいと思います。

界隈経済：共感できる思いが中心にあります。その思いを応援したい気持ちでその界隈の人とつながってみます。思いを高め合えれば見返りはなくてよくて、誰かの役に立てることが心地よい場所です。

以上の感覚を捉えると、ブランド側から断りなく自分のことを「ブランドのファン」と呼ばれることに少し違和感を覚える感覚が理解できます。

ではブランドは、生活者の「ファン」や「推し」になれそうでしょうか。結論から言うと、今の時代にそうした関係になるのは難しそうです。関与度が高いカテゴリーであれば可能かもしれませんが、学生の話を聞いていると、熱量の高さはカテゴリー関与度（憧れやこだわり）の強さよりも、自分が興味を持つジャンルとのレレバンシー（関連性）や、共感の思いの強さに表れるのだと思います。

これらを踏まえると、共感でつながる「界隈」で生活者との関係づくりを行うやり方が、今の時代には合っています。界隈コミュニティーの中心にあるのは人ではなく思いであり、イーブンな関係で皆がつながるので、企業と消費者の立場で相対する感覚を排除することができ、応援し合う関係を形成しやすいと考えます。

では、ブランドあるいは企業は、どのように界隈コミュニティーに関わっていくべきでしょうか。ブランドの立ち位置と役割について考えました。

ブランドの立ち位置と役割

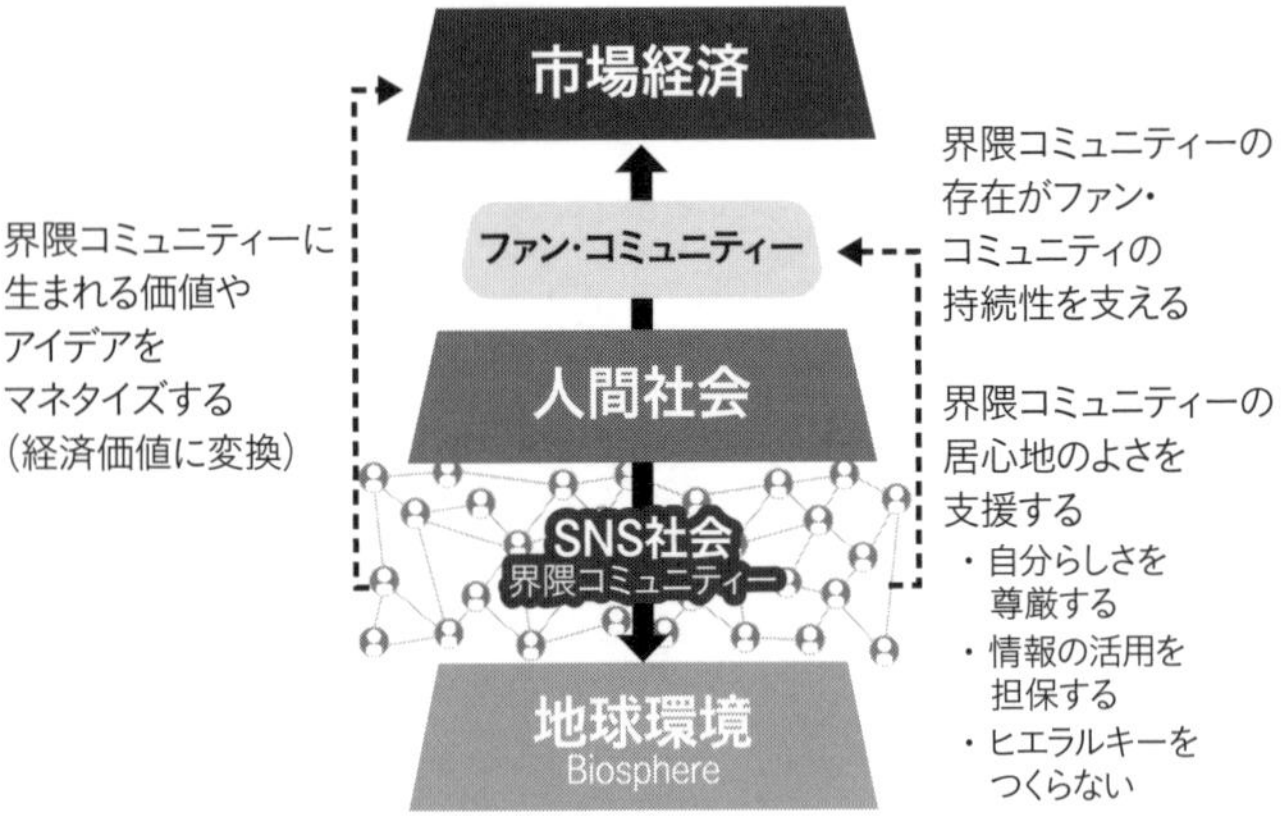

企業やブランドがよって立つのは人間社会です。企業に求められる働きは、ここに生まれる界隈の居心地のよさを支援し、人々が感じるSNS社会での生きづらさを解消できるように応援することです。どのような立ち位置を取るかは2つ考えられます。一つは界隈のプラットフォーマーとなり、安心して心地よく過ごせる環境づくりを支援すること。もう一つは、自身も思いの共感者として、界隈内の人たちとイーブンな関係で活動することです。また、界隈において企業やブランドは、オフィシャルな情報（メッセージ）を伝える役割を発揮しますが、そのメッセージが決め付けや押

し付けだと受け取られないように留意が必要です。

そして、企業やブランドには、重要な社会使命があります。それは、界隈コミュニティーの熱量から生まれる価値やアイデアをマネタイズ、経済価値に変換して、市場経済へつなげることです。従来型のファンコミュニティーはコアなファン顧客のＬＴＶを最大化する仕組みとして市場経済に近い場所で継続されます。他方で、企業・ブランドが界隈コミュニティーの緩くつながる関係が活発化するよう促すことで、生活者から応援される存在意義を得ることができ、より熱量の高いコアファンのコミュニティーとの流動性が高まります。その結果、ブランド事業の持続性が高まるという好循環を実現できるはずです。

対談 4

AIがコミュニケーションを媒介する社会 企業が顧客とつながるには？

Z・α世代はそれぞれ、上の世代には見られなかったコミュニティーや人とのつながり方への意識をっています。そうした世代を対象顧客とするに当たって、企業はどのようにSNSを活用して、彼ら彼女らとコミュニケートしていけばよいのでしょうか。SNSのマーケティング活用や若年層のトレンドについて研究を行う、電通メディアイノベーションラボ主任研究員の天野彬氏に話を聞きました。

SNS疲れ時代のつながり方

小々馬敦（以下、小々馬） 今の学生を見ていると、商品情報との最初の接点が広告であることはほとんどありません。まずUGCを見て、自分のセンスと合っていると共感したら、広告も見てみるという順になっています。その商品が自分の好きな世界観に合っているかを判断できるように、雰囲気が分かる良質なUGCがないと、早い段階で選択肢から外されてしまうと感じます。

天野彬（以下、天野）　最近では、企業の発信もUGCに寄せてつくっていますよね。もともと広告は、生活者と企業の「レレバンシー（関連性）」を高めるためのものです。現代人は〝広告嫌い〟だと言われますが、昔の人も、広告を「見るぞ」という意識で見ていたわけではないと思います。常に広告なるものの役割は、関心がない人たちに向けて「実はこの商品はあなたのその困り事を解消できます」「このタレントが使っていたら興味がありませんか？」と、見込み顧客と商品との潜在的な関連性気付かせるための、説得的なコミュニケーションを行うことにありました。しかし今では生活者が自分で情報を選べるようになったこと、さらに、同じような趣味嗜好を持つ友人やインフルエンサーが薦めていることをより受け入れやすくなっていることから、UGCの重要性が高まっています。レレバンシーを高める説得型のコミュニケーションから、共感型のレピュテーションを広めるものが主流になっているということです。

天野 彬

株式会社電通 電通メディアイノベーションラボ 主任研究員
東京大学大学院学際情報学府修士課程修了（M.A.）。若年層のメディア・消費行動やSNSの動向に関する研究・コンサルティングが専門。著作に『新世代のビジネスはスマホの中から生まれる―ショートムービー時代のSNSマーケティング―』、『SNS変遷史』、『情報メディア白書（共著）』、『広告白書（共著）』など多数。日経Think! エキスパートコメンテーター。明治学院大学社会学部非常勤講師。TikTok for Business Japan Awards 2024 Creative Category 審査員

小々馬 第3章の対談で、SHIBUYA109 lab. の長田麻衣さんも言っていましたが、Z世代にもSNS疲れが見られます。選択を失敗しないために情報を調べまくる手間や、SNSで他者と安易につながってしまうことにうんざりしているというか。天野さんはこのSNS疲れを見て、今後どのようにSNS社会が変化していくと思われますか。

天野　確かにSNSの世界は今、転換期を迎えつつあると感じます、特に米国では若年層のメンタルヘルスへの悪影響が問題視されていて、10代のSNS利用について規制する州が出てきています。また、ユーザー自身も、オープンなSNSから離れて居心地のよさを求めようと、例えばメッセンジャーサービスを使ったり、InstagramやXも鍵アカにしてSNS上で関わる人の範囲を狭めたりするなど、つながり方がどんどんクローズドになっています。

小々馬　クローズドになっている分、企業がその中に入っていくのは難しいことだと思っています。しかし、SNSでのつながり方が「界隈」的な緩やかな関係になっていると考えると、他者を排除する完全に閉じたものにはならないかもしれません。界隈は、従来型のコミュニティーと違って、枠域がありません。中心に熱量の高い人たちがいて、そこからグラデーションのように外に広がっていくので境界が曖昧《あいまい》で他の界隈と重なることもある。Z世代はコミュニティーの中にヒエラルキーがあることや、所属するために熱量高くいることを求められるのを好みません。〝にわか〟の人も気楽につながれるくらいの緩い集まりが居心地よい場所であり、こうした緩いコミュニティーのあり方がサステナブルに生活者と企業がつながり続けるヒントかもしれません。

天野　生活者に来てもらうというより、生活者がいる場所に企業やブランドが行くようになっている流れがありますよね。そもそもインターネットの歴史そのものがそういった推進力を有していますが、最近であればメタバースも同じで、みんなに遊んでもらうための場や体験を、ブランドの世界観と合わせてどのように落とし込めるかが肝になっています。

小々馬　場づくりは企業が行ったほうがいいですよね。そして、コミュニティーの中での情報の安全性を担保して居心地よく過ごせる場所に整備するようサポートすることも、期待されていると思います。そしてこうした緩いかつ安心安全な場を設ける姿勢が伝わることで、その企業への信望が高まっていき、その企業のブランド、商品やサービスへの信頼が形成されやすくなり、将来にわたって使い続けられてもらえる。すなわち

LTVの向上につながるのだと思います。

記号的なブランドの終焉

天野　ブランドビジネスはこれからどう変わっていくでしょうか。業種によって異なりますが、例えばファッション業界で言うと、Z世代やα世代は、ゲーム上の自分のアバターに着せるためにブランドの服を買い求めます。ラグジュアリーブランドはそのブランド価値をうまく活用することで、実物の商品を製造するコストなくデジタル財を売れるようになっているわけです。ブランド力という無形資産と情報経済との相性のよさが、大きなレバレッジとして機能する動向に注目しています。

小々馬　一方で、私は〝記号的・抽象的〟なブランドイメージはもう効かないのではないかと思っています。1980年代以降の情報過多の時代には、記号的なブランド、つまりロゴを見て一目で認識できるブランドは、生活者の商品選択を助ける識別情報として機能していました。しかし今の大学生を見ていると、そうしたブランドには興味がなさそうです。自分の価値観やライフスタイルを表現することはあまり重要ではなく、そのブランドの姿勢や活動に共感できるかどうかを大切にしています。推し活に見られるように、自分がどのような思いや考え方の人を応援しているのかで「自分らしさ」を実感します。そのため抽象的なコミュニケーションは非有効になってきていて、代わりにブランドの中にいる人の思いがしっかりと伝わるようなコミュニケーションに変化していくべきなのではないかと思い始めています。そしてα世代になると、コミュニケーションする相手は人でなくても〝人間味（ヒューマニティー）〟を感じられるものであればいいという感覚に変わるでしょう。そういう人たちが成長して社会の中心になり、マーケティングや広告制作をするようになると、ブランディングのアプローチも変わってくるのではないかと思います。

天野　2010年代はストリートファッションがラグジュアリー化するトレンドも相まって、ハイブランドがロゴを前面に載せたデザイン、いわゆる「ロゴドン」を主導しました。

そして生活者側もSNSでの映えを期待して、それを歓迎しました。それが今では反転し、ブランドの背後にある実質性が重視されるようになってきていると感じます。一方で私たちの欲望のかたちはそう変わらない面もある。私たちはその社会性ゆえに多かれ少なかれ、「見せびらかし」をしてしまうし、SNS上で話題化するような〝ハイプ〟なものを求めてしまう消費のあり方がなくなることはないでしょう。

AIが情報を媒介する時代　意外にも肯定派が多数？

天野　インフルエンサーマーケティングのあり方にも変化の兆しが見られます。黎明期《れいめい》にはフォロワー数が多い拡散力がある人にPRを依頼するのが一般的でしたが、最近では拡散力を第一に重視することに疑問が呈されるようになっています。フォロワーが多かったとしても、例えばそれまで全くコスメの発信をしていなかった人がいきなりコスメの紹介をすることに、受け手側は説得力を感じません。反対にずっとコスメについて発信している人がレビューしているコンテンツには説得力があり、意味あるレビュテーションになります。つまり、ここでも実質性、オーセンティシティー（真正性）が問われるようになっています。プラットフォームのアルゴリズムも、フォロワー数よりもポジティブな反応を多く生み出す、エンゲージメントの指標が高い人の投稿を優先的に表示するように変化しています。つまり、フォロワーが多いことの価値が相対的に落ちていて、アルゴリズム的にもユーザー的にも、オーセンティシティーの重要性が高まってきているといえます。

小々馬　α世代は、口コミなどの情報を探さすことに時間を掛けることは合理的でないという意識が出てくる世代だと思います。自分のことをよく知っているＡＩに自分に合う物を探してもらったり、情報を探すにしてもこの場所からの情報は本当に信頼できると感じる特定のプラットフォームのみを活用したりするのではないかと思います。そうなってくると、インフルエンサーの立ち位置は変わってきそうですよね。そして社会的な信望を得ている企業の公式情報への信頼は上がるかもしれないとも思います。情報の信望と心地よいアルゴリズムが担保されたプラットフォームを提供できるかどうかが、企業にとって大きなテーマになるかもしれません。

天野　本当に信頼できる情報を提供できる、一握りのインフルエンサーが生き残るようになりますよね。

また最近では、例えばYahoo!ニュースのコメント欄を「大体みんなはこういうことを言っています」とＡＩがまとめるようになっています。今後ますますこうしたインターフェースが増えていくのではないでしょうか。そうすると、突出した個の意見は残りつつ、「その他」の集団の意見は機械がスクリーニングしてノイズが少ない状態で伝えられるようになっていくと思われます。

小々馬　社会や界隈における中庸が一目で分かるようになったということですよね。みんながそう考えていることの中庸こそがコミュニティーにおける正解だという感覚を持っているのがα世代だと思います。それぞれが持つ価値観やイデオロギーはみんな違っていていいのだから、それをぶつけ合い解決策を考えても時間だけを要してみんなにとってよりよい答えを見出すことは難しい。なので、まずはみんながそう思う中庸を知って共有し、みんなにとってよりよい状態を把握し、その状態を実現するための行動に専念するのがα世代です。そしてその中庸を知るためにAIツールは有効で、それを使いこなして、安心安全で心地のよいコミュニティー（場）をつくっていくことを、α世代に期待しています。

天野　もう一つ面白いのが、SNS上のお薦めについてです。最近ではAIが情報を採配して、SNSのフィード上に自分に合ったコンテンツを出す力が強まっています。このお薦めに関するアンケートを取ったところ、意外にも世代関係なく「お薦めに頼ることに抵抗がない」と答える人が多数派でした。「人間が自分で情報を選ぶべきだ」といった意見が多いかと予想していましたが、多くの人が、お薦めされて自分の知りたい情報が手に入るのならいいではないかと考えているという結果が出たのです。テクノロジーへの抵抗感がどんどんなくなってきているなと感じましたし、アレルギー反応的に嫌悪するのではなく、肯定的にどう使いこなすかという方向に意識が向いているのは建設的だなと思いました。

小々馬　最後に、2030年代にSNSはどのような役割を持つツールになると思いますか。

天野　10億人規模が利用しているプラットフォームはそうそう生まれないですし、ネットワーク効果によって固定化しているので、新しい機能が追加されたり、補完的なサービスが出てきたりはすると思いますが、2030年代も基本的には今の風景が継続していくでしょう。ただ、注目していきたいと思うのは、AIスマホの普及によって人とのつながり方が変わるかもしれないことです。ある調査会社のデータによると、24年のAIスマホの普及率は約8％と、12人に1人が持っている程度ですが、3年後には5人に2人が持っている普及率になるそうです。他者とつながりたい欲求は変わらないため、SNSは使われ続けると思いますが、個人が自分専用のAIを自由に使えるようになることで、個人・SNS・AIのインターフェースが変わっていくと思います。

また、クリエーターエコノミーの観点でも、α世代などの若年層がＡＩを駆使して作品を発信するようになると思うので、そこに企業やブランドがどう関わっていくのかも、大きなインパクトの震源地になると見ています。

第5章

マーケターは〝プラスサム〟な社会をつくるエッセンシャルワーカー

最終章では、ゼミを受け持ってからのこの10年間、大学生と一緒に時間を過ごす中で見聞きして学んだこと、そしてα世代と対話する中で示唆を得たことから、新時代のマーケティングとマーケターに期待することについてお話しします。個人的な体験談が多いのですがご了承ください。

マーケティングは人の幸せに奉仕する仕事

「マーケターの仕事の本分って何だろう?」。私が広告会社に勤務していた20~30代の間、ずっと考えていたことです。仕事は「仕える事」と書きます。英語でつづるとServe。仕事とは「自分はこの社会にどのように奉仕(サーブ)できるのか」なのだと思います。

冒頭の問いについて、数十年間にわたり広告会社とブランドコンサルティング会社で働く中でいろいろと考え抜いたのですが、答えはとてもシンプルで「マーケティングは、人の幸せに奉仕する仕事」だと確信を持ちました。今でもこの視座と使命感を大切にして、マーケティングの実務と学生指導に当たっています。

この答えに行き着けたのは、数多くのブランドマーケティングに関わることができたおかげです。ロングセラーブランドのコミュニケーション・コンセプトは、おおよそ「ハピネス」「スマイル」に落ち着くことに気付けたからです。コカ・コーラの「Happiness」、ポッキーの「Share Happiness」、マクドナルドの「Smile」などはすぐ浮かびますが、身の回りにある定番ブランドを見てもそうなっているはずです。ブランドのマーケティングに携わりプロモーションのテーマを考えるとき、商品の特徴やベネフィットを訴求するユニークなメッセージを考えます。しかし定番のロングセラーブランドは既に伝えたい特徴は言い尽くしていて、「○○は幸せな時間や場所にいつもあるよね」「○○があると笑顔が生まれて幸せを感じるよね」というように、最も普遍的なニーズの「幸せ」に行き着くことを幾度も経験しました。四半世紀を超えて持続しているブランドは、自分が幸せを感じた時間にそのブランドがあるエピソード記憶の感覚が深く刻まれていて、世代を超えて「あって当たり前の外せない存在」だと、普遍性が継承されていると感じます。こういったブランドを担当すると、「今の時代、この社会では、人々はどのように幸せを感じるのか。ブランドは幸せの実感をどのようにサポートできるのか」という思いが仕事の起点となります。この思いを起点とすると、マーケティングの仕事にときめきが生まれ、自分自身も幸せを感じることができます。

「マーケティングで世界をハッピーに！」

私たちのゼミが掲げるこのパーパスにも「マーケティングは、人の幸せに奉仕する仕事」という思いを込めています。世界中のマーケターがこのマーケティングの本分を発揮することで、未来はきっとよりよい場所になると信じています。そして、マーケティングが社会の役に立っていることをマーケター自身が認識し、その活動成果を持ってマーケティングの社会的意義の認識を高めていくことは、マーケティング自体がこれからの時代に持続していくためにとても大切です。

マーケターが「エッセンシャルワーカー」になるには

20年に世界がコロナ禍となった際に、「エッセンシャルワーカー」という言葉が話題になりました。緊急事態宣言下でステイホームする中、私の中にはある疑問が立ち上りました。「今、マーケティングは社会に不可欠（エッセンシャル）な仕事になれているのか？」

人々の行動が制限される状況下で、マーケターに「自分は今何をすべきなのか」と迷いが見えたからです。マーケターの皆さんは、個々人に高まる社会のために何かできることをしたい思いと、経済活動の促進を役割とするマーケターとしての立場の間に少なからず葛藤を感じたのではないでしょうか。

この疑問を持つにはある伏線がありました。とても印象的な出来事なので紹介します。19年の秋のことです。ゼミに新しく加入してくる2年生の合宿で、「ニーズの進化」をテーマとする討議セッションを行っていました。みんなでマズローの欲求5段階説の図を参照し、社会の幸せニーズが時代を追うごとに高次元に進化していくことについて話し合っていたのですが、1人の学生が私に質問してくれました。

「先生、社会のニーズは高次元化していき、現在は承認欲求から自己実現欲求へ移行する段階にあって、これからは利他の思いによる欲求が生まれていきそうだ、という全体の流れはとても納得できました。でも逆に、低い次元に戻ることはあるのでしょうか。何かのきっかけで、安全欲求や生理的欲求に戻ってしまうことは考えられますか？」

この質問は、私にとってかなりのインパクトでした。なぜなら、私の実務経験では、ニーズは常に高次元に向かい、低次元の欲求は既に満たされて済んでしまったものとして考えていたからです。不可逆なモデルとして考えていたので、逆戻りする発想はありませんでした。直感的に言葉にした私の回答は、「そうだね、もし大きな天災や戦争などの有事には戻ってしまうこともあるかもしれないね」でした。

新時代のマーケターは、社会にあるニーズ全体を見つめる

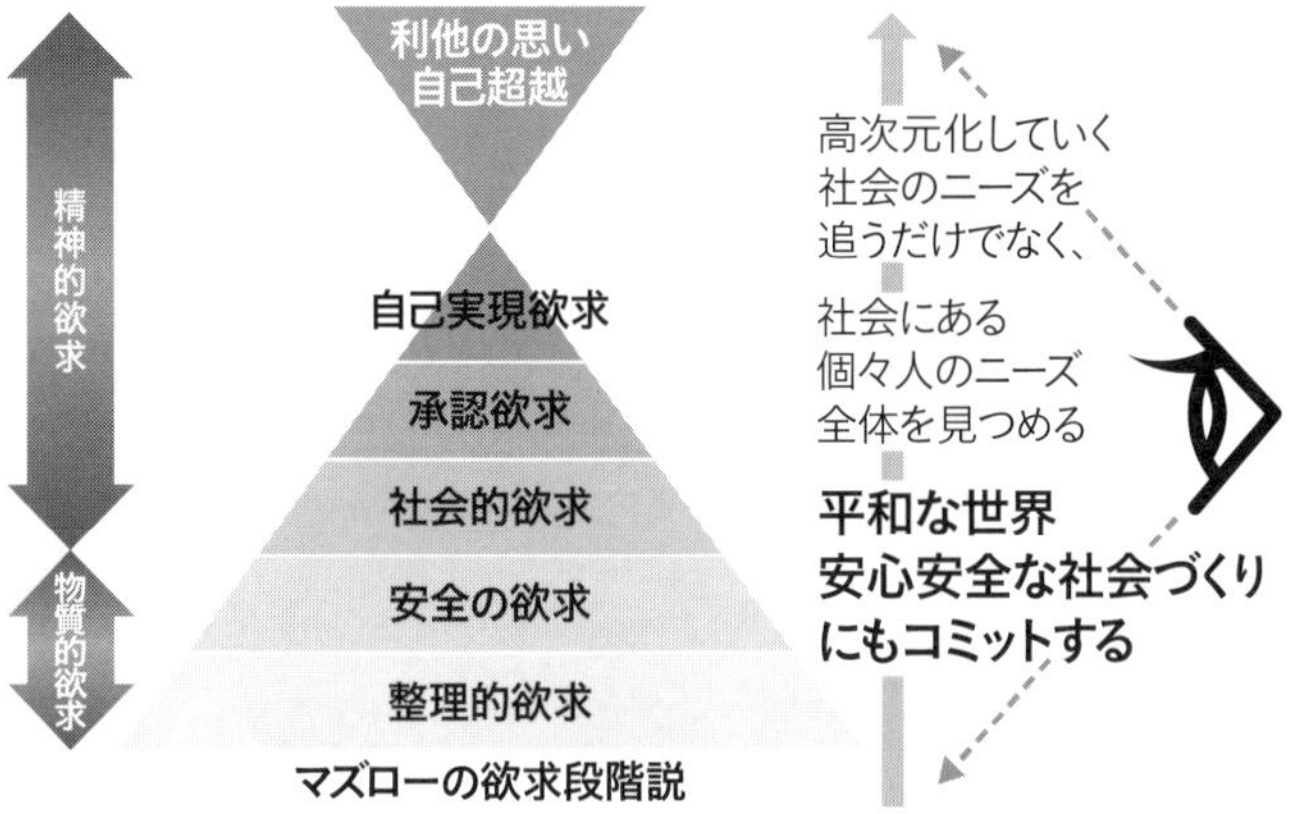

これからの時代のマーケターは、あらゆる次元のニーズを捉えることが求められる

そのときにはっと気付いたことは、「マーケティングは平和な社会を前提に機能している」ということでした。だからこそ、マーケティング、そしてマーケターは、紛争がない平和な世界を実現することにも積極的にコミットしていくべきだという思いが湧いてきたことを、はっきりと覚えています。

その半年後に新型コロナウイルスが全世界にまん延し、3年後にはウクライナ戦争が勃発します。平和な社会を前提としてマーケティングに専念できたこれまでの世代は、常に高次元化していくニーズを追ってきましたが、これからマーケターとして活躍していく若い世代は、自然災害、ウイルス、戦争や紛争など、様々な有事を見据えながら、人々の幸せのベースにある平和な世界、安心安全な社会づくりにもコミットしていかねばなりません。

そしてこれからの時代のマーケターに必須となる観点は、社会にあるニーズの全体を見つめる包摂観、「インクルージョン」です。社会のニーズは一様に高次元化しているのではありません。個々人の状況によってニーズの次元はそれぞれに異なり社会に混在しています。そうしたニーズを包摂的に捉え、あらゆる状況下にいる人々の安心安全で幸せな暮らしを考えつつ、サーブ（仕事）することを普段から心掛けて、購買行動のみならず人々の行動が制限されてしまう有事の際に、いかなる行動ができるのかを想定し、迅速に活動できるように備える必要性が高まっています。そしてその使命感と実行へのコミットメントを日ごろから社会に伝えることも肝要です。こうした行動が、マーケティングは社会に不可欠であること、そしてマーケターはエッセンシャルワーカーであるという存在意義を認識してもらえることにつながるはずだからです。

新時代のマーケターに求められる5つの素養

次に、新時代のマーケターの活躍に期待を込めて、普段から養い備え持ってもらいたい知識や能力、すなわち素養について5つに整理しました。実はこの5つの素養は、α世代が学校教育で培っている教養と重なっています。

素養①　メタ認知力

30年のSDGs達成に向かい、企業が価値を創造するフィールドは、市場経済・人間社会・地球環境の3圏に多層化しています。そして、企業価値を評価する公式もこの3圏に連携して、［企業価値＝経済価値＋社会価値＋環境価値］となりました。

従来の経営命題はゴーイングコンサーン（継続企業の前提）にあり、企業が将来も存続し事業を継承していくことで、社会が成長していくというストーリーが描かれていました。現在は物語の文脈が変わり、そもそも企業と生活者が共生する場である人間社会と地球環

新時代のマーケターに求められる5つの素養

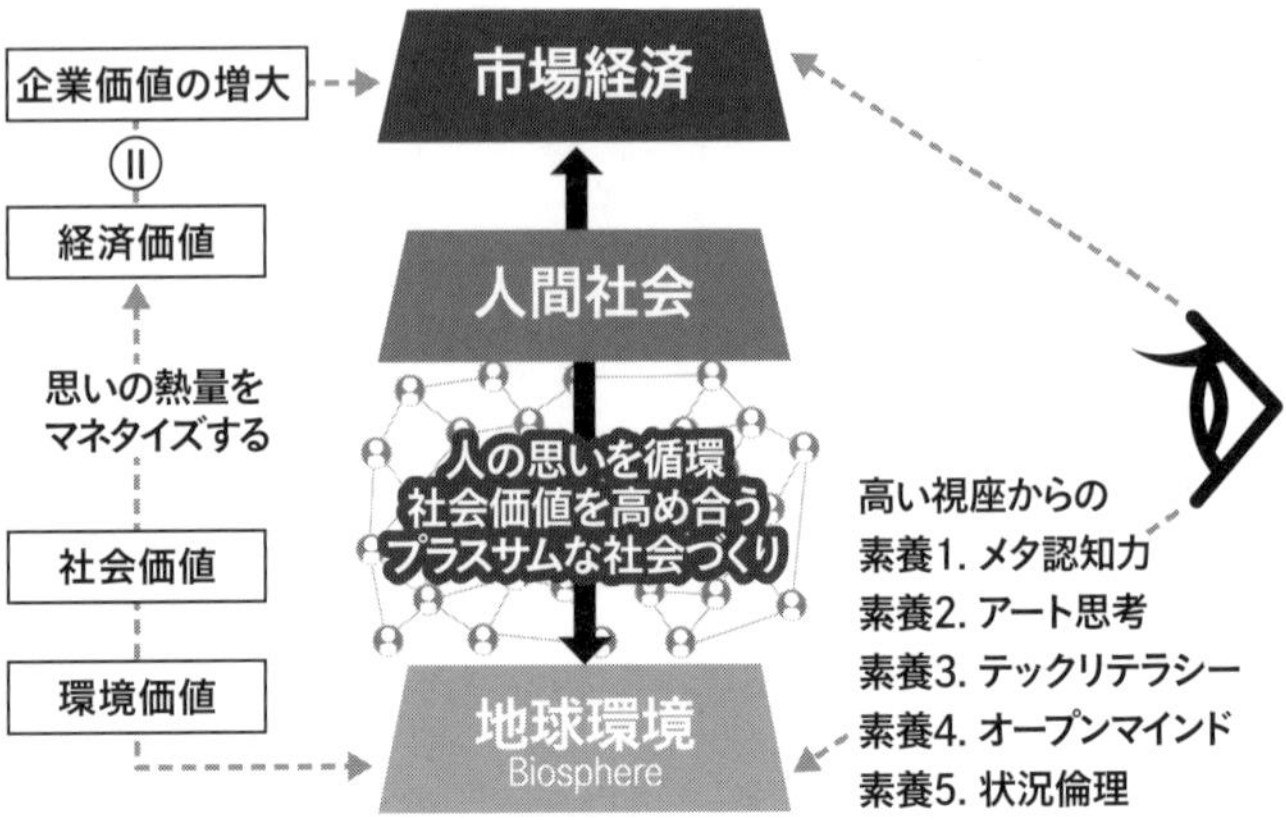

境の持続なくして、企業の存続はないと、サステナブル経営へパラダイムがシフトしています。新時代のマーケターは、３つの圏全体の動向を高い視座から俯瞰し、３圏全てが調和する価値創造を試みることが求められます。これを実現するために、メタ認知力が必要です。

メタ認知とは「認知していることを認知すること」と定義されます。説明を加えると、今、自分が認知していることを客観的に捉えて、自身の判断や行動を適切に制御できる能力を指します。

この力を養うことで、マーケターは目の前で起こっている生活者の行動や社会事象を解釈する際に、一歩引いて自分を超越した場所にもう1人の自分を置き、その観点から市場経済・人間社会・地球環境の全体を見渡すことできるようになります。全体が見えることで、ものごとを多面的に考察し本質を捉えられることで、冷静な判断ができるようになります。

プラスサムな社会をつくる「界隈マーケティング」の考え方を実装するには、マーケターがメタ認知力を発揮して、人、企業、社会、地球環境の全体を俯瞰し、界隈同士がつながっていくことを支援すべきです。1人の思いから始まり、界隈をへて社会全体のムーブメントに昇華していくプロセスを促進するこということです。

人の思いから生まれる新しいアイデアを社会に好循環させて、そのアイデアの社会的価値を高めるプロセスを主導します。プロセスにおいて、人の思いがつながり、高まっていく熱量を数量化・マネタイズして経済価値に変換し、エコシステムな経済圏を構築するビジネスモデルを講じることで、社会価値と経済価値を連携させ、結果として企業価値の増大にもつながります。マーケターが、メタ認知力を発揮することで、人の思いの熱量を源泉とするサステナブルな経営の新しいビジネスモデルが出現すると期待します。

素養② アート思考

α世代はSTEAM教育により、アート思考を養って成長しています。マーケターはデザイン思考のほうがなじみ深いですが、双方ともに課題発見と解決策を講じるプロセスです。それぞれのアプローチの違いを説明します。

デザイン思考は、顧客に共感することで顧客が抱える課題を見つけます。顧客のニーズを中心に置いて企画開発を進めていき、顧客にとっての最適解を見つけて解決手段を設計します。

一方でアート思考は、マーケター自身の美意識や感性を起点として社会課題の解決を目指したり、社会ビジョン描いたりします。1人の美意識や感性を「このアイデア、みなさんどう思いますか?」と社会に問うイメージです。音楽家や画家が、自分の思いを込めた

デザイン思考とアート思考 アプローチの違い

	顧客中心の デザイン思考	「私」の思いが中心の アート思考
発想の起点	顧客に共感し 顧客が抱える課題を見つける	私の美意識や感性 解決したい思い 実現したいビジョン
提案内容	顧客にとっての最適解を得て 解決手段を設計し提案する	自由な発想や想像力から生まれる 新しいアイデアを世に問う
有効な活用	既存の商品サービスに イノベーションを起こす	ゼロベースからの商品開発 未来ビジョンを描く

作品を公開して世に問うのと似ています。一般的に、デザイン思考は、既存商品の改善やイノベーションに向いていて、アート思考はゼロベースからの商品開発や未来ビジョンを描くことに向いているといわれます。

新時代のマーケティングでは、アート思考のアプローチが有効だと考えます。アート思考では「私のアイデアどう思う？」と、「私の思い」を発信した上で、そのアイデアについて生活者から意見をもらいながら開発を進めます。生活者の意見を反映する開発の多くは、想定顧客のニーズを基に商品をつくるという、マーケットイン型のアプローチだと思います。一方でアート思考は、「私（＝マーケター、開発者）」の思いを実現するために、過程で生活者からも意見を募る、という順序です。

ゼミに「Z世代向けの商品を開発したいので、大学生のニーズを知りたい」と、商品の共同開発の依頼をいただくことが多々あります。想定顧客である大学生のニーズを盛り込んで開発していく、マーケットイン型のアプローチです。学生たちは自分たちの思いをちゃんと伝えることができますし、調査から見つけたニーズを報告することもできます。しかしこのような商品開発は、意外にうまく進まない印象があります。実は学生たちは、依頼してくれた企業・ブランドの人に、どのような思いを持っているのか、何をなし遂げたいのか、どんなアイデアを持っているのかを語ってもらい、その思いに共感して熱量を上げた上で、共創したいと期待しているようです。こうした共創への期待は、学生以外の生活者も同様ではないでしょうか。私たちはこのような共創の形を「思いのこもったプロダクトアウト」と言っています。企業から「私たちのこんな思いを形にしてみたけれど、どうかな?」とプロトタイプを見せてもらい、「いいですね! こうしたらもっとすてきになると思います!」と感想・意見をフィードバックしていく進め方のほうが、受容性の高い商品が出来上がる感触があります。

ユーザーとゼロから一緒につくるのではなく、初期の商品開発をアジャイルに進めてプロトタイプをつくり、ユーザーのフィードバックを得ることでよりよい完成形に導いていく。こうしたアート思考のプロセスは、普遍的で受容性の高い商品を世に送り出すために有効です。こうした開発を行う上でのポイントは、開発者の思いをしっかりと伝えることに加えて、完成形にユーザーの思いを込められる余白があることです。

私は、ユーザーや社会からフィードバックを得るプロセスを「コーリング（Calling）」と呼んでいます。天の声を聞く、社会から導きをもらうという意味合いです。商品開発やプロモーション計画、パーパスを掲げる際にも、アート思考とコーリングのプロセスを導入することは、社会・市場で実行する際の受容性を高めることにつながります。

若い世代は商品購入の前後に、ＳＮＳで商品に関する情報を調べます。その際に、アート思考によって開発された商品の背景には企業やブランドの思いが見つかりやすく、共感を覚えて応援したい気持ちが高まります。そのため、商品情報の伝播がスムーズになる効

マーケターがチームの思考法のバランスを取る

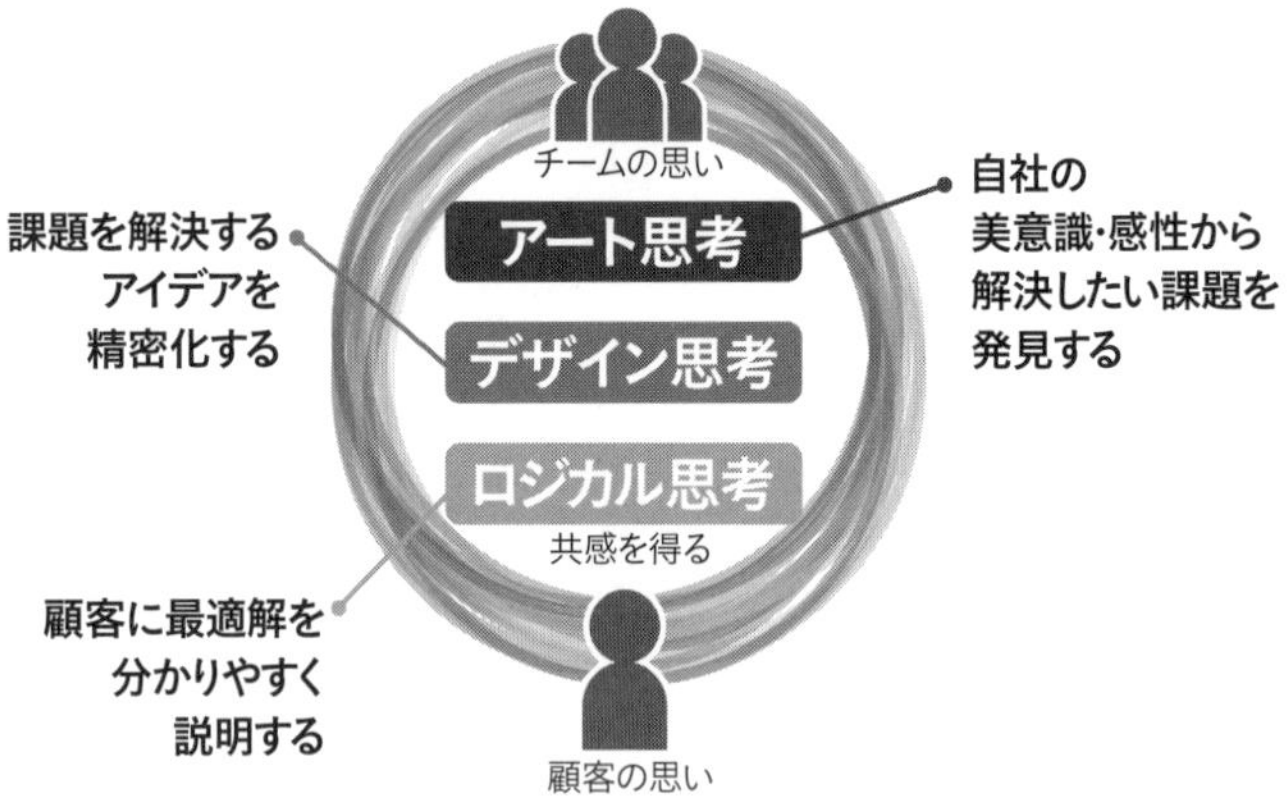

果も期待できます。

しかし、アート思考だけでは複雑さを増していく社会課題、そして顧客が抱える課題への解決策を導き出すのに十分ではありません。アート思考、デザイン思考、ロジカル思考という3つのクリエーティブ思考を状況に応じて組み合わせることが有効です。

例えば、課題発見の段階ではアート思考で美意識と感性を発揮し、課題解決段階では、デザイン思考でアイデアを精緻化する。そして、顧客に提案するタイミングでは、ロジカル思考を活用して分かりやすく説明するという組み合わせ方ができそうです。

とはいうものの、人には向き不向きがあります。1人の中で3つの思考法を完結することは難しいので、チームの中でうまくバランスを取ります。マーケターは3つの思考を理解し、研究開発部門、営業部門、広告宣伝・広報部門などの関連する部門を連携させたチームを主導し、プロジェクトの推進役となることが好ましいでしょう。

素養③ テックリテラシー

昔の時代を振り返ると、例えば昭和の事業経営では「大量生産を推進すると公害問題を発生するリスクがあり悩ましい」などと、「どちらをとるか」トレードオフの判断を迫られました。これからの時代では、テクノロジーを活用することで「どっちも実現できる」という発想で課題解決に立ち向かいます。新進の技術で社会課題を解決していくアプローチは『Society 5.0』の政府方針の中でうたわれています。

私が本書中に言及しているこれからのマーケティングの姿は、数十年前であれば「それは理想論。きれいごとでビジネスはできないよ！」と先輩たちから叱咤《しった》されていたかもしれません。テクノロジーの活用で「どちらもあきらめなくていい」発想ができるようになったことは、事業経営にとても大きな変化をもたらしていると感じます。テックリテラシーが高いα世代は、ＡＩやＩｏＴを活用して様々な課題を解決できるというマインドと自信を持って成長しています。新時代のマーケターも、新しいテクノロジーに日ごろから親しみ、その社会実装をイメージできることが肝要です。現在どのような技術開発が進んでいて何年後に実装できそうなのか、関連する情報を常にウォッチしておく必要があります。

素養④　オープンマインド

２０３０年代には、１社のみの技術力と経営資源では解決できない複雑な社会課題が数多く残ると推測します。産学連携、異業種間のオープンイノベーションはより盛んになり、同じ業界内の企業コラボレーションも当たり前となるでしょう。オープンイノベーションは、「社会課題を解決したい思い」が中心に置かれ、賛同する企業・組織・人が結集するプロジェクト形式のオープンな組織が形成されて、活動が推進されます。企業の思いやパーパスを表明することの重要性はさらに高まります。

α世代が成人する2030年代には働き方の進化が進み、目的を共有する各プロジェクトに専門スキルを持つ人材が集まってチームをつくる仕事の仕方が増えると考えます。オンラインゲームで仲間と集まるように、思いに共感する個人がプロジェクトに参加することが当たり前となるでしょう。既に見られる「界隈コミュニティー」がプロジェクト化するイメージです。メンバー同士が高め合う熱量が、プロジェクト成功の鍵となると考えます。

新時代のマーケターには、オープンイノベーションを主導する共創マインドを高めることを期待します。

素養⑤ 状況倫理

昨今高まっている社会課題の中でマーケターが率先して解決すべきは、SNS情報の信頼性ではないでしょうか。生成ＡＩを使ったフェイク情報やＳＮＳ広告の情報の信ぴょう性について、今後さらに社会から厳しく問われていくことでしょう。そしてこの課題の解決は、恐らく２０３０年代に持ち越されると推測します。ＳＮＳやテクノロジーに敏感な、Ｚ・α世代が解決をリードするかもしれません。

こうした社会課題に向き合う上でも、新時代のマーケターには、今以上に倫理観を持った活動が強く求められます。生活者は正確な情報を得て正しい判断をしたいと願っていますが、多様性が寛容される社会では、正義や道徳は唯一ではなく、何が正しいかの判断は生活者がいる一瞬一瞬の状況によって変わります。

ＥＩＥＥＢモデルに示したようなときめく顧客体験をデザインするには、メタ認知で捉えた普遍的な社会倫理と、個々人が置かれている状況に即した倫理の双方の調和を取りつつ、最適な解を提案する力量がマーケターに期待されます。恐らく、ＡＩがマーケターの判断をサポートすることとなるでしょう。

マーケターが状況倫理を発揮する際に留意すべきポイントがいくつかあります。

一つは、マーケターがよく使う「寄り添う」についてです。大学のマーケティングの授業で受講生に行ったアンケートから分かったことなのですが、この表現はあまり好意的に受け取られていません。「親友でもない他人に勝手に寄り添われるのは嫌で、押し付けだと感じます」という意見があります。コミュニティーに期待することを聞いた調査から分かったように、期待するのは「適度な距離感を持ったおもいやり」で、寄り添われることではないのです。マーケターは生活者に真摯に寄り添っているつもりでも、気付かぬうちに〝適度〟を超えた距離感で相対して向かい合ってしまい、相手にストレスを掛けているかもしれないことに留意が必要です。

また、学生は「インサイトを掘る」という表現にもストレスを感じるようです。インサイトは深層心理の中に隠れているニーズという意味で使われます。マーケターは無意識の中にあるインサイトを掘り起こそうとしますが、学生からは「心の奥底にあるのは、自分でも見たくなくて隠しているコンプレックスだったりするし、他人からむやみに掘り起こされるのは嫌です」という声が寄せられました。「寄り添わなくてもインサイトを掘らなくても、率直に気持ちを伝えられるので、ちゃんと話を聞いてほしい。ＳＮＳを見れば心の声は読み取れるから、ソーシャルリスニングすればこと足りるのではないか」という意見もあり、なるほどまっとうな示唆だと感じました。もしかしたら、α世代からは「私のことを知りたかったら、私をよく理解しているＡＩエージェントと話してください」と言われるかもしれません。

もう一つお伝えしたいのは、マーケターは、ユニークなこととの受容性が高いと考えていますが、実のところ、若い世代は普遍であることに安心感を持って購買や行動を選択しているということです。本当に知りたいことは「何が世の中の平均なのか、真ん中で中庸なのか？」です。世の中の中庸を知ることは、外れたことをしない安心感につながるとともに、自分に合っているものを判断する基準にもなるからです。

若い世代のこうした思いを受け取った上で、一瞬一瞬の状況に思いをやり、ときめく体験を提案してほしいです。

2030年代のビジネス機会

マーケターが以上の5つの素養を備えることで実現される、新しいビジネス機会をイメージしてみました。本書でお話しした界隈コミュニティーが今後の理想的な市場だと捉えて、下記のアイデアを考えました。

①コミュニティーの居心地のよさをサポートするビジネス

界隈コミュニティーで安心して過ごせる環境づくりをサポートします。界隈で高まる熱量がビジネスの源泉となるため、安心して熱量を高められる環境を整えることは重要です。界隈のプラットフォーム提供や運営サポートなどが想定されます。

②情報の信用性を担保するビジネス

界隈コミュニティーの居心地のよさは、そこで触れる情報が信用できることで生まれます。そのため、情報の信用性を担保する事業は新たなビジネス機会になるでしょう。「この界隈はこの会社・ブランドが支援しているから情報を信じて大丈夫」と思える安堵感が、購買などの行動につながります。界隈に関わる当該カテゴリーやジャンルにおいてリーダーシップを持っている企業や、信ぴょう性のある報道を行っているメディア会社などに可能性があります。

③熱量をマネタイズするビジネス

界隈を経済圏と捉えて、界隈に生まれる熱量や生まれるアイデアをマネタイズし、経済価値に変換できるのではないでしょうか。界隈につながる人々の応援行動をポイントやマイレージにして数値化し、それを換金できる事業体を持つ企業が経済価値に変換し、界隈を支える事業体・組織に還元する。界隈に集まる人が、応援する対象に資金援助するイメージです。

3つのビジネスは、全てプラスサムな社会の実現を支援するビジネスです。そして上記のいずれのアイデアも、「この企業・ブランドは信望に足る」という認識が生活者にあってこそ成り立つものです。「オーセンティシティー（実直であること、真正性）」こそが、これからの社会でビジネス的価値を生む根源的要素です。

新時代へのパラダイムシフトは案外早く見え始める

Z世代・α世代が社会の中核となる2030年代は、すぐそこです。今後、彼ら彼女らが取引先、バイヤー、広告主などとして、ビジネスシーンの中に続々と増えていくことに気付きます。本書で紹介したZ・α世代の価値観や行動特性は、顧客市場に現れるよりも先に、身近なビジネスシーンに見え始めそうです。そう考えると、現役のマーケターが新時代のパラダイムシフトに備えて準備を始めるには、案外猶予がありません。30年を目前にした今は、待ったなしの状況です。

本章で紹介した5つの素養を養いつつ、Z・α世代の成長を今しばらく期待とともに待っていただき、近い未来、思いを共に協働していただけたらうれしいです。

対談 5

マーケターは「アート思考」と「メタ認知」を備えよ

学校教育や社会課題への向き合い方から、物事を〝メタ的〟に捉えるα世代。そうした世代が中心を担う2030年代の社会において、マーケターにはどのような働きが求められるのでしょうか。広告クリエーティブやブランディングに長年携わる、電通の田中信哉氏とともにってみました。

AIの台頭でマーケターは不要になる？

田中信哉（以下、田中）　先日、AIを使ってマーケティングやブランディングを行うチームにヒアリングする機会がありました。チームメンバーによると、AIとクリエーターがそれぞれ出した案を比べると、AIが考えた案にはまだ質感がないと言います。過去のデータを生成してできているものなので、人間が考えた案と違い試行錯誤の痕跡がないと。企業の意志や熱量に基づいた試行錯誤がにじみ出ないものは、生活者に届かないのかなと感じ、個人的にかなり響きました。でも、ＡＩネーティブのα世代からしたら、そんなことは関係ないのかもしれませんね。

田中信哉

株式会社電通 第2CRプランニング局 マネージング・ディレクター
クリエーティブ・ディレクターとして大手化粧品会社や自動車会社を担当したのち、電通の経営企画局へ。2017年CXデザインを専門とする電通アイソバー（株）にて取締役。2021年（株）電通デジタルにてクリエーティブ担当執行役員。2024年より現任。
専門はブランドの立ち上げと再生、事業コンセプトの構築。
慶應義塾大学大学院経営管理研究科 Executive MBA 修了。

小々馬敦（以下、小々馬） 画像や文章など様々な創造物をＡＩがつくるようになり、ＡＩがつくるものの質感に慣れてしまいますからね。しかも、究極的には、人間味もＡＩがつくれてしまうと思うんです。「人間らしさ」の本質は実は曖昧で、私たちは「人間味ってこんな感じ」と、人間らしく振る舞って生活しているので、AIが人間らしい振る舞いとは何かを学習すれば、簡単にそれらしくできてしまうような気がします。加えて、今の大学生に聞くとよく出てくるのが、「私たちは期待を超える商品やサービスを欲しているわけではない」ということです。「期待を超えるものより失敗しないもののほうがいい」と。これはどうしてかと考えてみると、今の若年層は、付加価値がある商品をコスパよく手に入れられるのが当たり前の環境に育っているため、それ以上に期待を上回るものを付加価値として高いお金を払うよりは、そこそこの満足度があって失敗しないものでいいという感覚があるんですね。

今後1人1台AIスマホを持つようになるなどしてAIが普及すると、AIは自分の好みを最もよく知るエージェントのように機能するようになるため、生活者はまずはAIにリコメンドを聞いて商品を選ぶようになります。こうした未来においては、企業が最初にコミュニケーションする対象は、生活者ではなく、生活者の代理人の

ＡＩになるのではないかと思います。こうしたコミュニケーションの方法が、これからの時代ではストレスが少ない、合理的な情報処理のプロセスとして標準化するかもしれません。

田中　広告会社も、人とＡＩとのコミュニケーションを考える仕事が増えていくでしょうか。

小々馬　そうですね。ＡＩなどのテックツールを使って生活者の心地いい、ご機嫌な状態をサポートするのがマーケターの仕事になるのかもしれません。ＡＩネーティブのα世代には、ＡＩ社会で発生するノイズやリスクをポジティブに解消して、心地よい社会をつくることを期待します。

田中　情報があふれている社会は、人間が機嫌よくいるためには難しい状態でもあります。そうした社会において、生活者の心地よい、機嫌のいい状態をつくることは、今の時代でも大切ですよね。それができるブランドこそがサステナブルに活動していけると思います。

2030年代のマーケターは「アート思考」と「メタ認知」を備えよ

小々馬　加えて、これからの時代にマーケターは「アート思考」がより求められると考えます。アート思考とは、「実際に役に立つかどうかは分からないけれど、これをつくってその真価を世に問うてみたい」という信念からものごとを始めること。対する「デザイン思考」は、顧客視点からの課題解決を目的とします。「世の中のこうしたニーズに自分たちはこのように応えられる」と開発し、完成形を市場に出すデザイン思考的なものづくりが、日本企業には多いように見受けられます。しかし、そうしてできた商品に対しては、生活者が自分のコンテクスト（文脈）を生かす余地がない。「自分ならこう使える」と生活者それぞれのコンテクストを乗せられるもののほうが、一つの商品でより多くの人と接点を持てるため受容性が高く、売れるのではないかという気がします。マーケターは売りやすい人を見つけて、売りやすいものを売る方法を考えがちです。商品のアイデアが生まれた際にあった信念や思いが、マーケターが介入して売りやすさを優先することで見えなくなってしまい、生活者が選択する際には思いが伝わらず、響かない商品になってしまうケースを多く見ます。マーケターのマインドに、もう少しアート思考を入れるべきです。

田中 今のお話で言うと、生活者は自分に合う形で使いたいと商品への自由度を求めつつ、一方で、つくり手の信念も感じたいという潜在的無意識がありますよね。企業の信念と生活者に求められることをつなぎ合わせることを意識しないと、どこにでもある誰にも響かないものになってしまう。

小々馬 アート思考を商品開発やマーケティングで有効に活用するには、実際の商品をつくるまでのプロセスを変える必要があります。完成型の商品で価値を提案するだけでなく、「こんなことを実現したくて、こんな商品を考えてみたのですがどうでしょうか」という段階でプロトタイプを提示できて、その思い（パーパス）に共感してくれる人、ブラッシュアップできるアイデアやスキルを持っている人の協力を取り入れながら、一緒によりよい商品に仕上げていける。こうしたプロセスが必要です。

田中　商品を手にするまでの過程で、送り手の〝思い〟が消えないようにするにはどうすべきか、考えたいですね。当然企業やマーケターは、市場や生活者の状況に目が行きがちですが、自分たちの意志をどうデザインするかは、意外と議論されませんよね。市場に何をもたらすかを考える前に、自社の意志をどうデザインしてプロダクトやサービスに乗せて伝えるのか、もう少し考えてもよさそうです。

小々馬　加えて、2030年代のマーケターには「メタ認知」の素養が必要になると思っています。これまでマーケターは、生活者に寄りすぎたと思うんです。言葉としては「生活者に寄り添う」という言い方をしますが、生活者に近付きすぎて生活者が暮らしている周りの環境に目を向けなくなっていないでしょうか。結局目指すことはお客さんからお金をもらう、可処分時間をどれだけ自社に割いてもらえるとなり、ともすれば囲い込もうとしてしまいます。お金と商品を交換することで売り上げが立つという、お金を中心にした市場経済のメカニズムの中では、どうしても生活者からお金や時間を奪う二項対立の関係になってしまいます。でもお客さんが商品にお金を払わなくても、生活者が何かしらの企業活動に共感してくれることで生まれた熱量や、その熱量から生まれる新しいアイデアを、いずれかの方法でマネタイズできれば経済は回ります。企業やブランドと生活者が相対する関係に、他者が参加するオープンなイノベーションを形成することで、価値は一方から他方へ移動するのでなく、社会の中で循環して高まっていくビジネスモデルを構築できるのではないでしょうか。1つの企業内で完結しないオープンな価値創造システムを構築することで、社会に利益が循環し、ゆくゆくは自社にも巡ってくる「プラスサムなマーケティングシステム」という考え方です。

この実現には、自社と生活者との関係を俯瞰的に捉えられるメタ認知力が求められます。マーケターがメタ認知を持つことができれば、自分たちの仕事は消費者に物を売ることではなく、社会に人の思いを好循環させることだと気付くようになります。この気付きによって、自社の顧客をつくるだけでなく、社会をよりよい場所にすることがマーケティング、そしてマーケターの使命であることの認識と実行が高まっていき、マーケターの存在意義が社会で認識されるでしょう。

田中　つまり、寄っているときは生活者が〝購買者〟になり、引いているときは〝賛同者〟になるイメージでしょうか。購買者は非常に短期的な概念ですが、賛同者になると、持続的な関係性が望めますね。

マーケターは何を学ぶべきか

田中　そうした素養を備えるためにマーケターは何を学んでおくといいでしょうか。

小々馬　私がゼミ生に学んでほしいのは、状況倫理とメタ認知です。テクニカルな手法は時代によって進化していくので、実務経験の中で、その都度会得すればいいと思っています。

ＡＩＤＭＡ（注意→関心→欲求→記憶→行動、という購買決定のプロセス）やＳＴＰといった伝統的な概念は、そのコンセプトが体系化された時代背景とともに説明するようにしています。当時はこういう手法が合理的だったけれど、インターネット、スマートフォン、ＳＮＳ、そしてＡＩと、生活環境の進化にともなって状況は変わるよねと伝えて、旧来のメソッドやフレームワークを知識として学習した上で、自分たちがマーケターとして活躍するこれからの時代を見据えて、新しいアプローチを考察することを薦めています。

そしてやはりマーケターにとって最も重要なのは、状況倫理です。何が正しいのかの答えは一つではなく、倫理は状況によって変わります。生活者の場面ごとに変化する文脈を捉えて思考できるセンスを持つことです。場ごとの文脈を捉えるためには、その場の状況に入り込みすぎると主観的に陥るので、一歩引いたところから生活者の状況を客観視するメタな認知が必要で、それが状況倫理への配慮だという話をします。また、経営目線を学ぶことも大事です。例えば、企業が標榜する経済価値と社会価値の双方を高めるサステナブル経営など、経営者・事業責任者の経営観点から俯瞰的にマーケティングの意義と役割を捉えることも、メタ認知の一つです。

田中　僕らが習った時代のマーケティングや経営学は、自社の在庫をゼロにすることにたけた、要するに経営管理でした。今は、サブスクのサービスが代表するように、在庫という考え方自体がないサービスも多い。そうした時代に求められるマーケターの働きは持続的な関係をどうつくれるかであって、そう考えると、やはり購買者ではなく賛同者をいかに募れるかが大切な素養になると感じます。

終章

世代をつなぎ、未来にときめこう！

世代をつなげて未来にときめく

本書で度々触れてきた「ときめき」についてお話しさせてください。ときめきは、源氏物語の中にも使われている古くからある言葉で、〝時を得てもてはやされる〟という意味で「時めき」と書きます。当世風に書くと「トキメキ！」でしょうか。今の若い世代では「今この瞬間を逃さず、きらりと輝く」という感覚です。

「今、輝きたい」という思いは、昭和の時代にもありました。先日、昭和の社会の空気感を知りたくて１９６０年代の青春映画を懐かしく見たのですが、20歳の設定の主人公の女性が「人生は50年だから、やりたいことは今やらなくっちゃ！」と声を上げるシーンがありました。「えっ人生って50年だったんだ！」と驚きました。

２０２０年代の20歳の人生観は異なります。「人生１００年ずっと幸せでいたいなら、まず今が幸せじゃないとね！　やりたいことをいっぱいやらなくっちゃ！」という思いでしょう。若い世代は、現在の幸せの延長上に未来を描きます。今にときめきたい思いは刹那的な時間感覚からではなく、「ときめきをしっかりと将来に続けていく」未来の幸せに続いているのです。

人生100年時代を生きていくことを前提とすると、将来に幸せのゴールを設定して、そのゴールを人生を賭けて追い求めていく考え方にはぴんときません。「幸せは追い求めるのでなく選択する」という価値観や「幸せな人生はときめく瞬間の総和だから、（SNSで）周りに見えるたくさんの幸せをまねして、自分なりに楽しもう」と考えるのは自然なことです。Z世代がインスタグラムに、幸せにときめく画像を日記感覚でコラージュしていく行動には、今日の幸せを未来につなげたい思いが表れているのではないでしょうか。

α世代になると、人生100年の時間感覚に、リアルと仮想空間の多次元な空間感覚が掛け合わされて、やってみたいことに遭遇する瞬間がさらに増えていくことでしょう。アバターを使って時空を超えることが可能になることで、「何者にでもなれる」という自己実現の感覚が強くなるのでしょうか。「ときめき」の感覚が、これからどのように進化していくのか興味津々です。

2030年代は、Z・α世代が共創してよりよい社会になる

α世代の小学生たちが、未来にどのような期待をしているのかを知りたくて、23年8月に日本テレビの日テレ共創ラボ「KODOMO MIRAI lab」が主催する「汐留サマースクール2023」にゼミ生と参加しました。

このイベントは、未来を担う子どもたちが〝好き〟を見つけて伸ばすことを応援する「学びと体験のテーマパーク」がコンセプトで、趣旨に賛同する共創パートナー企業・団体が多数出展しました。23年が初めての開催でしたが、夏休みの2日間に2万人を超える小学生の親子が来場しました。

私たちのゼミはインテージ社とブースを共同出展し、カードゲームを使ってマーケティングリサーチの面白さを体験してもらうプログラムを実施しました。それまでのα世代研究から、オンラインゲームの中でアバターを使ってゲームに興じる小学生のイメージがあったので、大学生と小学生がテーブルを囲んでカードゲームを一緒に楽しむ様子を見ていると、「小学生は昔からこんな感じで印象が変わらない」と少しほっとしました。

イベントを通じて私が感じたのは、Z世代とα世代の相性のよさです。まず、社会課題解決への意識が高いことが共通しています。この意識を共有し、Z世代のピュアな社会倫理観と、α世代のテックリテラシーの高さが有機的に連携できると、2030年代に残される社会課題は次々と解決されていくのではないかと期待できます。今後さらにAIが普及しますが、彼ら彼女らはAIを倫理的に活用するでしょうから、現在ネットにあふれるフェイクニュースや広告の倫理問題などの課題もポジティブに解決されていくことでしょう。Z・α世代が描き、実現していく「よりよい社会」を想像すると、今から心がときめきます。

では、上の世代は何をすべきでしょうか。

・若い世代の声をしっかりと聞いて尊重すること

・若い世代に教示したいことがあれば押し付けにならないように、選択肢として示すこと

・若い世代の選択を寛容しその実行に協働すること

・よりよい社会への思いを中心に置いて、世代を意識せずに応援し合うこと

です。前述した新時代のマーケターに求める5つの素養を高めることで、協働がスムーズに進むでしょう。

実は、ここまで執筆してきて反省していることがあります。それは、文中に「上の世代、下の世代」と世代のヒエラルキーを表現していることです。ずっと気に掛かり「先の世代と後の世代」などいろいろと表現を考えてみたのですが、いい言葉が見つかりませんでした。きっと年齢でくくる「世代」という概念が、「上下」のようなニュアンスを生み出す

ことにつながっているのだと思います。性別、職業など、属性で人を判断しないようにしようという社会へシフトしていますが、年齢によって世代をくくることは、最後まで残るかもしれません。

Z世代は縦の関係やヒエラルキーのあるコミュニティーを好みません。α世代は、既に互いの属性を気にしない世界をオンラインゲームの中で体験し、自然に感じています。彼ら彼女らが主役となる新しい時代は、世代を意識しない、世代でくくることが不自然になっている社会であることを期待します。だからこそ、世代による価値観や行動の違いを探すよりも、世代から世代へと進化していく流れを共有することで、互いを尊重し合うことが大切です。人の思いを中心に置いて世代をつなげ、「よりよい社会」を描いていきたいです。

世代をつなぎ、未来にときめこう！

おわりに

最後までお読みいただきありがとうございます。

本書を執筆することになったきっかけは、22年に日経クロストレンドで「Z世代　α世代『私たちのリアル』」をテーマとする連載の機会をいただいたことです。

当時、新たな消費の担い手としてマーケターの注目は、Z世代に集まっていました。小々馬ゼミはZ世代を対象とする調査を14年から継続していましたので、Z世代を対象とする事業を展開する企業や将来の事業を模索する企業の方々から、共同研究のお誘いをいただいたり、社内での勉強会に招待いただき、Z世代に関する研究報告をする機会が増えていました。

私たちは、2030年代に向けて生活価値観や消費行動が変化していく中、Z世代の下に育つα世代にも目を向けて変化の流れをつかむ必要があると感じ、22年からインテージ社と共同でα世代を対象とする産学連携の調査研究をスタートしています。Z世代に関して報告する機会にα世代の特性についても紹介し、Z世代からの変化の流れと、そこから見え始めているマーケティングの進化についてお話しをさせていただいたところ、α世代に関して情報を知りたいという依頼が急増しました。そんな状況の中、日経クロストレンドさんから「Z世代に関する記事や研究リポートを見つけることは容易になったので、そろそろα世代のことを伝えることにも意義がありそうです」と出版のお話しをいただきました。

調査対象となる小学生と中学生への直接調査には制限があるため、大規模な定量調査ができていないことや、調査開始からまだ3年目の仮説段階にある内容が多くなってしまうことが気に掛かったのですが、インテージ社の調査分析の章を設けることで、定量的にも確認したいと願う読者の方々の意向に添えるだろうと考えて執筆を決心できました。

セミナーなどで、若者研究家として紹介いただくことがありますが、私は若者世代の研究をしているのではなく、「マーケティングの未来を洞察すること」が研究目的です。その手段として若者世代を観察しています。報告する内容は極力私の主観に寄らないように、Z世代の大学生の分析を尊重しています。私が報告する内容のおおよそは学生たちから教えてもらったことで、彼ら彼女らを代弁する立場でお話ししています。

私たちのゼミは、「マーケティングで世界をハッピーに！」をパーパスに掲げています。自分たちが将来マーケターとなって活躍するときに、未来をどんな世界にしたいのか。どのようにマーケティングを進化させたいのかを考え抜き、その思いを現役で活躍されている実務家の方々に報告し役立てていただくことを主旨として、産学連携の研究活動を行っています。ゼミの活動、研究レポートをWebページで公開していますので、ぜひご覧ください。https://www.kogoma-brand.com/

本書を執筆している24年はゼミ設立から10年目に当たり、卒業生と現役生を合わせると

200名を超える規模に育ちました。10年の間に学生たちが継承し積み重ねてきた研究成果を、マーケターの実務に役立つように体系化してお伝えしたい。その思いが、筆を走らせる力となってくれました。

α世代の調査研究は、これから重要なフェーズを迎えます。α世代の年齢が中学生、高校生へと上がっていき、調査の可能性が多様に広がっていきます。現状では、傾向や特性を捉えやすい「エクストリーム層」寄りの児童（極端に偏っていません）の話から全体の傾向を推定している段階ですが、今後は観察する対象層を拡張し仮説を検証していく計画です。今後の研究の成果を順次、当研究室の研究レポートページや、日経クロストレンドへの記事掲載などで報告していきますのでご期待ください。

私たちの研究活動は、常にオープンマインドで連携する研究パートナーを求めています。実務家の方々からより多くの示唆をいただき、調査研究の成果を社会実装にかなうレベルに導きたいと願っています。私たちの活動が皆さまのビジネスの役に立てることがありましたら、お声掛けいただけますと大変うれしいです。

最後に、この本の出版を応援してくださった方々に御礼を申し上げます。日ごろよりゼミの活動をサポートしていただいている産業能率大学の関係者の方々、そして産学連携研究のパートナー企業の方々、特にインテージグループさんには共同調査研究と本書の執筆に際して多大なる支援をいただきました。インテージ生活者研究センターの小林春佳さんには短い時間で第2章を執筆いただき、感謝に堪えません。研究報告の機会を支援いただいている日本マーケティング協会、日経広告研究所、アドバタイジングウィークアジア事務局の方々。お忙しい中本書の対談にご協力いただいた有識者の皆さま、貴重な示唆をいただき本当にありがとうございました。そして、ゼミの学生たちに感謝します。この本は、みなさん一人ひとりのクリエーティビティが結集し、10年間をへて熟成した会心の作となりました。本書の執筆の機会をくださった日経BPの皆さま、α世代に目を向けて記事掲載を始めた当時から数年に渡り、本書の企画段階からここまで導いていただいた日経クロストレンド編集部の河村優さんに心より御礼を申し上げます。

そして、本書を手に取ってお読みくださった皆さまに、心からの御礼と感謝を込めて筆をおかせていただきます。

2024年3月

小々馬 敦

2034年の生産年齢人口の構造

生産労働人口：15〜64歳は約6400万人＝**団塊Jr.＋ミレニアル＋Z＋αの4世代**と
2つの家族【団塊Jr.世代とZ世代の親子】
【ミレニアル世代とα世代の親子】で構成される

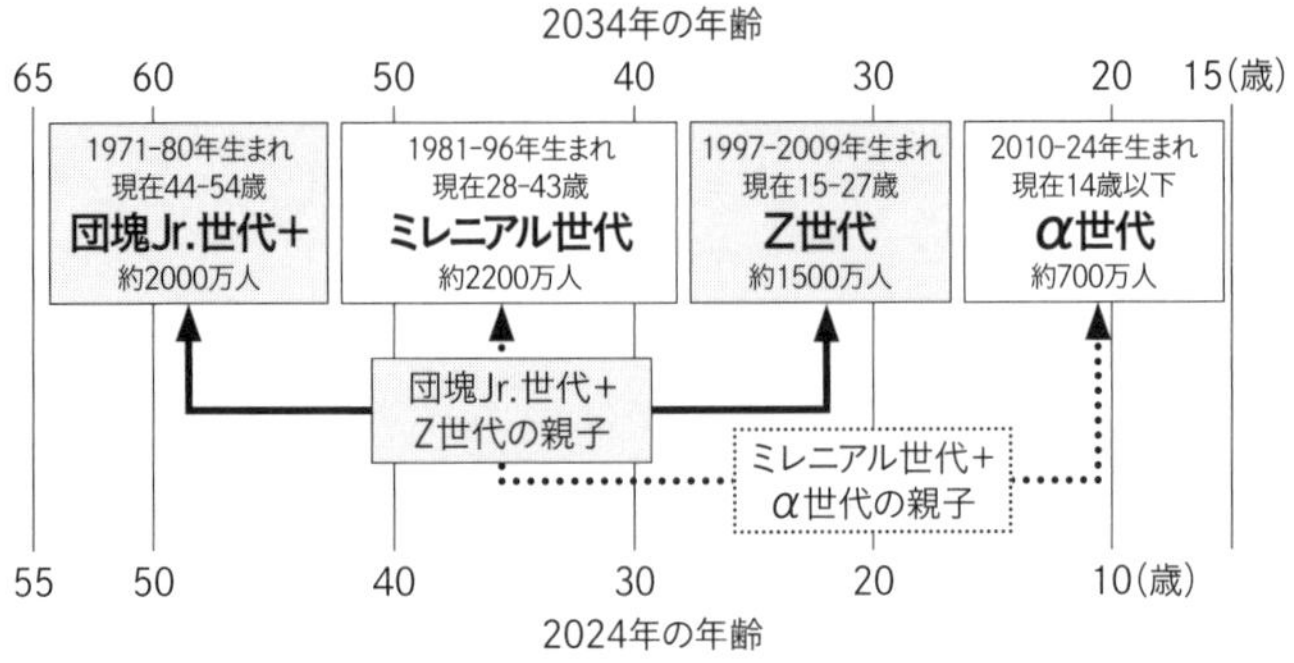

※団塊Jr.世代は、1971-74生まれだが、ミレニアル世代の上の世代を団塊Jr.世代＋として1971-80年の期間で捉える

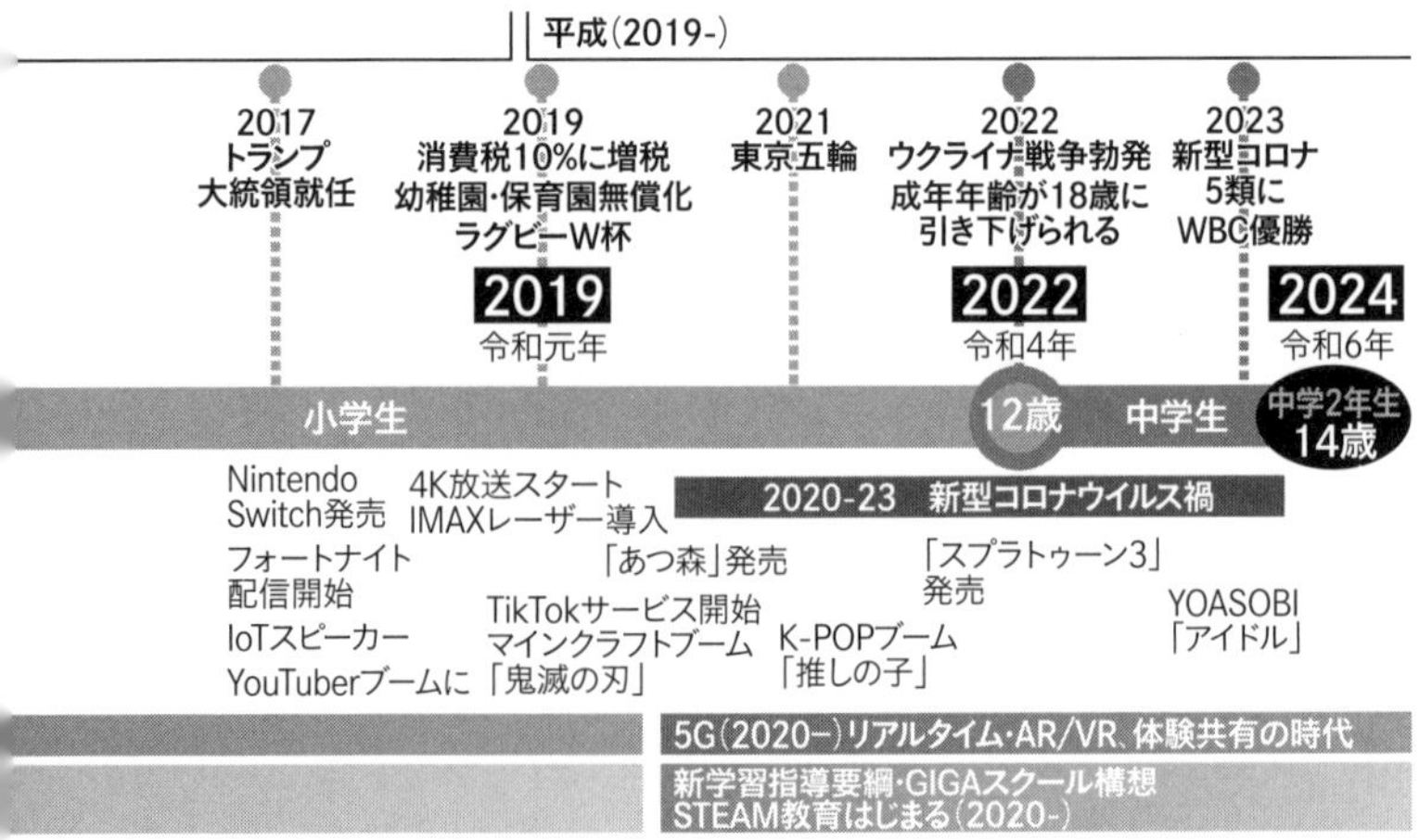

本書での世代区分と年齢定義

世代	生まれた年	2024年の年齢
X世代	1965-80年	44-58歳
ミレニアル世代(Y世代)	1981-96年	28-43歳
Z世代	1997-2009年	15-27歳
α世代	2010-24年	14歳以下

2024年に14歳になるα世代の仮想成長年表

平成(-2018)

X・ミレニアル（Y）・Z世代の特徴比較

世代	主な特徴
X世代 1965-80年	・消費意欲が旺盛 ・ブランド品を好む ・競争意識が高い ・他人と違うことを求める ・子どものころはテレビ、成人後にインターネット
ミレニアル世代 **（Y世代）** 1981-96年	・デジタルネーティブ ・モノよりコト重視 ・ブランド品よりもユニークなもの ・コミュニティーに所属し仲間意識が強い ・コスパ重視 ・子どものころからインターネット
Z世代 1997-2009年	・SNSネーティブ ・イベント体験に時間とお金を使う ・ブランド品よりも自分に合っているもの ・オンラインで仲間とつながる ・タイパ重視 ・生まれたときからインターネット

X・ミレニアル（Y）・Z世代それぞれの特徴としてよく挙げられる項目

α世代の母親の「消費すること」に関するパーセプション比較

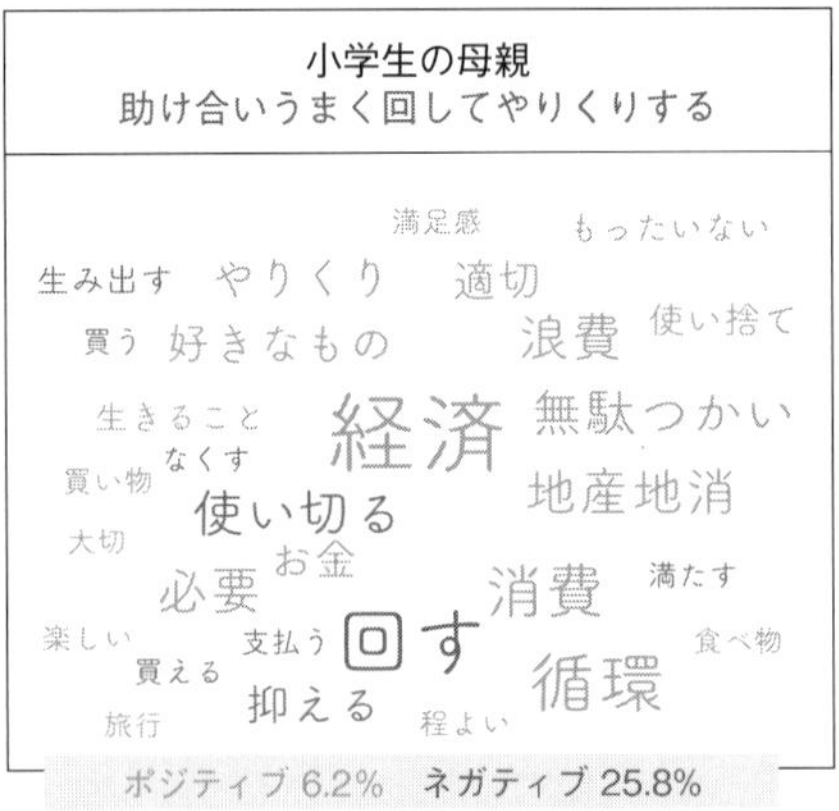

出典／産業能率大学 小々馬ゼミ　インテージ共同調査「Z/α世代の母親を対象とする全国調査」（2022年9月）小学生の母親 311サンプル

著者略歴

小々馬 敦　（こごま・あつし）

株式会社ブランドエンジニアリング 代表取締役
産業能率大学 経営学部 教授
産業能率大学大学院 総合マネジメント研究科 教授
日経広告研究所 客員

グローバルアドエージェンシーにて、FMCGブランドのマーケティング戦略支援を経てブランドコンサルティングの業界に転籍。インターブランドジャパンを経て、D.A.アーカーが副会長を務めるプロフェットの日本法人代表、マッキャングループのフューチャーブランドの代表取締役社長を歴任。多様な業界における無形資産価値経営、事業ポートフォリオ戦略、マーケティング、広報戦略を支援。大学研究室の産学連携研究では、X・Y・Z・α世代の価値観と購買行動の調査を通して次世代マーケティングの進化を洞察し報告する「ミライ・マーケティング研究会」を（公社）日本マーケティング協会と共催。近年は「日経広告研究所報」「日経クロストレンド」などに寄稿多数。

株式会社インテージ　生活者研究センター

インテージの生活者理解の拠点として2020年に誕生。インテージで蓄積している生活者の消費行動やメディアへの接触行動、生活意識・価値観データなど膨大な情報を連携・横断して用いるとともに、社内の各領域におけるスペシャリストの知見を組み合わせ、生活者をより深く理解し、生活者を起点とする情報を発信・提供することを目的として設立。お客様企業への直接的な貢献を目的として、共同研究やプロジェクトへの参画なども積極的に取り組んでいる。

小林春佳　（こばやし・はるか）

株式会社インテージ　生活者研究センター　研究員

生体計測をメインとするマーケティングリサーチャー、コンサルタントを経て、2019年インテージ入社。新規事業開発やマーケティングの潮流課題の探索業務に従事。

日経クロストレンド

「マーケティングがわかる　消費が見える」を編集コンセプトとするオンラインビジネスメディア。顧客相手のビジネスを展開している限り、携わるすべての人が「マーケター」です。顧客に寄り添い、課題を解決するヒントを探るべく、日経クロストレンドでは、マーケターのためのデジタル戦略、消費者分析、未来予測など、多彩なテーマの記事を平日毎日お届けします。また、第一線で活躍するマーケターを招いた各種セミナーイベントも定期的に開催。あらゆるマーケティング活動やイノベーション活動を支援します。

新消費をつくるα世代

答えありきで考える「メタ認知力」

2024年5月13日　第1版第1刷発行

著　者　小々馬敦
発行者　佐藤央明
発　行　株式会社日経BP
発　売　株式会社日経BPマーケティング
〒105-8308　東京都港区虎ノ門4-3-12
編　集　河村優・酒井康治（日経クロストレンド）
装　丁　中川英祐（Tripleline）
制　作　關根和彦（QuomodoDESIGN）
印刷・製本　大日本印刷株式会社

ISBN　978-4-296-20495-3
Printed in Japan

本書籍に関するお問い合わせ、ご連絡は下記にて承ります。
https://nkbp.jp/booksQA